모래시계에 갇힌 시간

모래시계에 갇힌 시간

초판 1쇄 인쇄 2014년 4월 10일
초판 1쇄 발행 2014년 4월 16일

지 은 이 | 여운환
펴 낸 이 | 박서
펴 낸 곳 | 생각너머

기획경영총괄 | 박서
책임편집 | 이홍규
디 자 인 | 이인선
종   이 | 상산페이퍼
인쇄제본 | 우진제책
배   본 | 손수레

등록번호 | 제313-2012-191호
등록일자 | 2012년 3월 19일
주   소 | 서울특별시 마포구 성미산로 14 (648-8)
            그린오피스텔 501호
전   화 | 070-7765-7298
팩   스 | 02-337-7298

ISBN 978-89-98440-04-6 (03300)

조작된 영웅과 희대의 사기꾼에 대한 기록

모래시계에 갇힌 시간

여운환 지음

생각너머

■ 이 책에서 다루는 두 가지 사건의 핵심 인물과 역사저인 인물, 저자 등 몇몇 인물을 제외하고는 모두 가명으로 처리하였다.

"모래시계의 시간은 뒤집어야 다시 흐른다."

Prologue

　지금으로부터 120년 전 프랑스에서 일어난 사건으로 이 책을 시작하고자 한다.

　1894년 10월, 프랑스 참모 본부에서 근무하던 포병 대위 알프레드 드레퓌스가 간첩 혐의로 체포된다. 비공개로 진행된 군법 회의를 거쳐 같은 해 12월 22일, 그는 종신 유형 판결을 받고 수많은 군중이 지켜보는 가운데 불명예 퇴역식을 치러야 했다. 그리고 이듬해 2월 21일 밤, 아프리카 기아나 적도의 프랑스령 '악마도'라는 외딴 섬으로 끌려갔다. 드레퓌스는 그곳의 돌 감방에 홀로 수감된 채 비인도적인 처사, 살인적인 더위와 싸우면서도 끝까지 자신의 결백을 주장했다.

　프랑스 참모 본부가 드레퓌스를 간첩으로 지목하면서 제출한 증거는 딱 하나, 프랑스 정보국이 파리 주재 독일 대사관의 우편함에서 몰래 빼내 온 서류의 필적이 드레퓌스의 필적과 비슷하다는 진술이었다. 아니, 여기에 드레퓌스를 간첩으로 몰고 간 한 가지 사항이 더 있었다. 바로 그가 유대인이라는 점이었다.

드레퓌스의 결백을 믿어 의심치 않았던 그의 가족과 지인들, 그리고 무언가 미심쩍은 점이 있음을 간파한 신문 기자 등이 진상을 추적했고, 프랑스 군의 양식 있는 군인 피카르 중령은 군 수뇌부가 은폐한 증거를 찾아내어 프랑스의 군사 기밀을 독일에 넘겨준 사람은 드레퓌스 대위가 아니라는 사실을 밝혀냈다. 드레퓌스의 필적과 유사하다며 제출했던 서류의 필적이 사실은 헝가리 태생의 프랑스 군 소령 에스테라지의 것으로 판명된 것이다. 그러나 프랑스 군 수뇌부는 이처럼 명명백백한 증거를 입수하고도 오히려 피카르 중령의 입을 다물게 했고, 드레퓌스의 가족에 의해 고발된 에스테라지 소령은 군사 법원의 형식적인 심문과 재판을 거쳐 1898년에 무죄로 방면된다.

진범이 누구인지 군 수뇌부는 알고 있었다. 그런데도 억울하게 누명을 쓴 사람은 '악마의 섬'에 유배되었고, 진범은 거리를 활보하고 다녔을 뿐만 아니라 여전히 프랑스 군의 장교로 근무하면서 안보와 관련된 기밀을 다루었다. 프랑스 군 수뇌부에서는 피카르 중령을 제외한 어느 누구도 이 오류를 바로잡으려고 하지 않았다. 판결을 뒤엎을 경우 프랑스 군의 위신이 손상된다는 단 한 가지 이유 때문이었다.

프랑스의 소설가 에밀 졸라는 에스테라지 소령이 무죄로 방면된 다음 날 일필휘지로 써 내려간 장문의 논설을 발표했다. 프랑스 대통령에게 보내는 공개서한 형식을 띤 「나는 고발한다」를 통해 에밀 졸라는 사건의 진상을 밝혀줄 것을 프랑스 사회의 양심에 호소했다. 졸라의 이 글로 인해 프랑스 사회는 들끓기 시작했다. 자유주의 지식인을 비롯한 사회당·급진당이 가담한 인권동맹과, 국수주의 지식인·교회·군부가 결집한 조국동맹으로 프랑스 사회가 분열되면서 '드레퓌스 사건'은 한 개인의 재판을 둘러싼 정의 실현 차원을 넘어 프랑스 사회 전체를 뒤흔드는 가장 첨예한 정치 사건으로 비화되었다.

이런 상황 속에서 프랑스 군부는 드레퓌스의 유죄를 증명하는 새로운 증거들이 발견되었다고 발표했다. 드레퓌스의 결백을 주장하는 정치인, 언론인, 변호인을 비롯한 수많은 사람들이 그 새로운 증거물을 제시하라고 요구했지만 프랑스 군부는 기밀문서들을 공개할 경우 독일과의 전쟁을 각오해야 한다는 말로 대중을 위협했다. 그리고 이 있는지 없는지도 확실하지 않은 새로운 증거를 들어 드레퓌스에게 다시 한 번 유죄 확정 판결을 내렸다.

하지만 애초에 드레퓌스의 유죄를 증명할 새로운 증거 따위는 존재하지 않았다. 이때 제출된 증거는 날조된 것으로 판명되었고, 증거 서류를 제출한 것으로 알려진 사람은 스스로 목숨을 끊었다. 드레퓌스 사건에 대한 대중의 의혹은 나날이 커질 수밖에 없었다.

처음 제기된 증거 서류 필적의 주인공이 따로 있다는 명백한 증거, 그리고 드레퓌스를 끝까지 범죄자로 몰고 가려 했던 조작된 증거물 등 사건의 진상을 만천하에 드러내는 확실한 사안들이 널렸음에도 불구하고 1899년 9월에 열린 재심 군법 회의에서 드레퓌스는 다시 유죄를 선고받는다. 하지만 여론을 의식한 대통령의 특사로 인해 드레퓌스는 결국 유배지인 악마의 섬에서 집으로 돌아갈 수 있었다.

하지만 이후 드레퓌스는 끝끝내 자신의 결백을 주장하며 프랑스 군을 상대로 기나긴 법정 투쟁을 벌였다. 결국 그는 1906년 7월 12일, 최고 재판소로부터 무죄 판결을 받아냈다. 그는 군인으로 복직했을 뿐만 아니라 레종도뇌르 훈장까지 받았다. 그가 복귀 의식을 치른 뒤 연병장에서 빠져나왔을 때 자발적으로 모여든 20만 인파가 일제히 모자를 벗어 들고 그에게 경의를 표했다.

처음 프랑스 정보국이 독일 대사관의 우편함에서 빼내 온 문제 서류의 수신인이었던 독일 대사관의 무관武官 슈바르츠코펜은 1917년에 죽음이 임박했을 때 이렇게 고백했다.

"프랑스 사람들이여, 들어보시오. 드레퓌스는 죄가 없소이다. 모두가 거짓이고 모략이었소. 그에겐 티끌만 한 잘못도 없었소."

슈바르츠코펜의 이 고백으로 인해 프랑스인들은 1895년부터 1906년 까지 무려 10년 넘게 프랑스 사회를 뒤흔들었던 사건의 진면목이 사실은 허구에서 비롯되었다는 사실을 진정으로 깨닫게 되었다.

드레퓌스는 제1차 세계 대전이 일어나자 두 차례의 전투에 참가하고 공을 세워 중령으로 진급했다. 그리고 1935년 7월 11일, 오랜 투병 끝에 사망했다.

프랑스 군부의 갖은 회유와 협박에도 굴하지 않고 끝끝내 결백을 주장하며 자신의 존엄성을 지켰던 드레퓌스는 과거 프랑스 사회의 어두운 단면을 기억하게 하는 상징이자 고귀한 인간상으로서 오늘날까지도 기억되고 있다.

✻

내가 왜 '드레퓌스 사건'으로 이 책의 시작을 열고 있는지는 이 책을 읽어 내려가면서 독자 여러분도 이해하게 되리라 믿는다. 그 전에 한 가지 밝혀두고 싶은 것은 나는 드레퓌스처럼 고귀한 사람이 아니며, 내가 겪은 일들 역시 역사의 한 페이지를 장식할 만큼 대단한 것이 아니라는 점이다. 하지만 드레퓌스 사건과 내가 겪은 일들 사이에는 유사한 연결고리가 존재한다. 그것은 공권력의 광기, 그리고 너무나도 명백한 사실 앞에서도 국가 조직의 위신에 손상을 입지 않기 위해서라면, 아니 그보다는 자기네가 구축한 권력의 아성에 균열이 생기는 것을 막기 위해서라면 한 개인의 삶 따위는 얼마든지 파괴해도 좋고 진실을 조작해도 상관없다는 식의, 우리 사회 지배층과 위정자들이 가진 생각이다.

나는 지난 1992년과 2001년, 두 차례에 걸쳐 옥고를 치렀다. 교도소에 수감되어 있었던 기간을 모두 합하면 8년이 조금 넘는다. 그 기간 동안 아내는 아이들을 홀로 키웠고, 아이들은 중범죄자를 아버지로 둔 채

청소년기를 지나야 했다.

공교롭게도 내가 연루되었던 그 두 사건은 대한민국 현대사를 뒤흔들었던 중요한 변곡점과 밀접하게 연결되어 있다. 내가 그 역사적 현장의 주인공이라는 말은 절대 아니다. 힘 있는 자들이 만들고 연출한 무대에 억지로 불려나가 제물이 되었을 뿐이다. 그 무대 위에는 '모래시계 검사'라는 엉터리 삼류 작가가 등장하고, 세 치 혀로 국가 기관과 국민을 우롱한 희대의 사기꾼과, 그 사기꾼에게 농락당한 것을 알면서도 진실을 은폐하려 했던 공직자들이 숱하게 등장한다.

＊

그로부터 적지 않은 시간이 흘렀다. 그동안 나는 과거의 악연에서 벗어나 어엿한 중견 기업가로 자리 잡았고, 살얼음판을 걸어왔던 가족들은 이제야 비로소 평안을 되찾았다. 이제 예순을 넘어서는 나이, 이렇게 조용히 지내면서 편안한 노후를 보내다가 간다면 후회 없는 삶이 될 것이다. 하지만 나는 싸움을 시작하려 한다.

이 일을 시작하려 했을 때, 가족은 나를 말렸다. 왜 또 다시 그 험난한 기억 속으로 돌아가려 하느냐고⋯⋯. 그들의 말은 하나도 틀린 것이 없다. 지금 내가 시작하려는 이 일로 인해 나는 애써 잊으려 했던 아픈 기억들과 만나야 한다. 그리고 현실적으로 나 정도는 상대도 되지 않는 막강한 힘 앞에 서야 하는 힘든 여정을 또 다시 시작해야 할지도 모른다. 그럼에도 나는 싸워야 한다.

내 이름은 여운환.

지금도 인터넷에서 내 이름으로 검색을 하면 '국제-PJ파 두목', 'ㅇㅇㅇ 게이트' 등의 연관 기사가 뜨고, 포승줄에 묶인 채 법정에 출두하는 사진도 뜬다. 한마디로 '거물급 주먹'이자 사회 각계각층에 막강한 영향력을 행사한 '정치 로비스트'로 장식되어 있다.

얼마 전 광주 지역의 유력 인사들이 모인 자리에 나갔을 때였다. 점잖게 차려입은 한 중년 여성이 다가와 조심스럽게 말을 걸었다.

"골치 아픈 일이 하나 있는데, 도와주실 수 있으세요?"

그동안 나는 나 자신이 깡패가 아니라고 수없이 항변해왔다. 그 이야기를 듣는 사람들 대부분이 내 앞에서는 고개를 끄덕이면서도 마음 한구석으로는 '그래도 뭔가 있겠지' 하는 생각을 품고 있었던 모양이다. 그러니 나와 일면식도 없는 사람들에게 나는 어쩔 수 없이 깡패 두목일 수밖에 없을 것이다.

내가 지나온 시간을 책으로 엮겠다는 결심을 하기에 앞서 나는 숱한 갈등을 겪었다. 그냥 모든 것을 묻어둔 채 이렇게 조용히 살다가 가는 것이 낫지 않을까……. 차라리 그렇게 살고 싶었다. 그냥 그렇게 살자고 마음먹은 것도 수백수천 번이었다.

하지만 나이가 들수록 점점 더 또렷해지는 한 가지 생각이 있었다. 처음 악연이 시작되고 나쁜 일에 연루된 그 순간부터 나는 품위 있게 죽을 권리를 박탈당했다는 생각이었다. 결코 있지도 않은 고상함을 가장한 채 좋은 사람으로 기억되고 싶다는 말이 아니다. 다만 내가 태어날 때부터 나에게 주어졌을 그 인간으로서의 최소한의 품위만이라도 간직한 채 죽음을 맞고 싶다는 뜻이다. 그렇게 되기 위해서 나는 이 일을 시작하지 않을 수 없다. 다시 한 번 걱정을 끼치게 된 가족과, 당시 못난 나로 인해 고초를 당했던 지인들이 나쁜 기억을 다시 떠올리게 된 점은 미안하고 또 미안하며 죄송하고 또 죄송할 따름이다.

하지만 그 일을 이대로 묻어두고 남은 생을 호의호식한다면, 당시 나로 인해 억울하게 피해를 입고 심지어 목숨을 버린 분들에게 다시 한 번 죄를 짓는 것이라는 생각으로 입을 연다.

✳

이 모든 이야기는, 서울 남부지청에서 근무하던 홍준표 검사가 1991년 3월에 광주지방검찰청으로 발령이 나면서부터 시작된다.

PART 1

모래시계
검사

1

모래시계 전설의 시작

홍 검사와의 첫 대면

내가 처음 홍준표라는 이름을 알게 된 것은 1991년 중반 무렵이었다. 당시 광주지방검찰청 강력부 소속이었던 그는 광주·전남 지역 건설업체들의 입찰 담합 비리 사건을 수사 중이었는데, 반드시 건설이나 건축과 관련되지 않더라도 이 지역에서 사업을 하는 사람들 사이에서는 그일이 화제가 될 수밖에 없었다. 그러니 사업가 셋만 모여도 자연스럽게 홍준표라는 이름이 거론되고는 했고, 나도 그들의 입을 통해 자연스럽게 홍준표라는 이름을 듣게 된 것이었다.

그때 내가 그에 관해서 알게 된 정보라고는 지난 3월 서울에서 광주로 전출되어 왔으며, 서울에서 큰 사건을 들추어내어 공을 세우려 하다가 오히려 그게 올가미가 되어 미운 털이 박히는 바람에 서울에서 지방

19
18

으로 전출되었다는 것 정도였다.

내게 홍준표 검사에 대해서 들려준 이들의 말을 정리하면, 그는 한마디로 돈키호테 같은 인물이었다. 그가 서울에서 들추어냈던 '큰 사건'이란 노량진 수산시장의 경영권 교체와 시장 상인들의 좌판 배분 문제에 전두환 전 대통령의 친인척이 개입해서 이권을 챙겼던 권력형 비리 사건을 말한다. 이 사건은 당시 검찰이 수사 중이던 5공 비리 사건과 맞물려 사회적으로 제법 큰 이슈가 되었다. 권력형 비리 사건의 결말이 늘 그렇듯 그 사건 역시 결국 도마뱀의 꼬리만 자른 격으로, 비리의 실세들은 건드리지도 못한 채 막을 내리고 말았다. 하지만 그 과정에서 공직 사회와 권력층 사이에 형성되어 있는 불문율을 깨뜨린 괘씸죄로 홍준표 검사는 서울에서 광주로 '좌천'되고 만 것이었다.

겉으로 드러난 현상만 놓고 보자면 그는 검사로서의 원칙에 충실한 강직한 사람이었다. 아닌 게 아니라 상명하복의 계율이 엄격한 검찰 조직의 위계질서와 관행, 권력형 비리 사건에서 발생하고는 하는 외압을 이겨내고 사건의 핵심으로 다가갔던 그를 두고 이제 막 검사직에 배정된 젊은 검사들은 꽤 좋은 평가를 내리고 있다고 했다. 나는 그 이야기를 들으며 광주에 꽤나 독특한 검사가 왔구나, 하고 생각했다.

그리고 홍준표라는 존재를 알게 된 지 얼마 지나지 않아 광주지검 강력부 부장검사로 남상수 검사가 발령되어 왔다. 남상수 검사는 당시 나와 이미 십년지기로, 내가 평소에 형님으로 모시는 분이었다. 때문에 남상수 검사 밑으로 배속되어 있는 홍준표 검사와 조만간 사석에서 인연을 맺게 될지도 모른다는 막연한 생각을 하고 있었다. 실제로 오래지 않아 나는 그와 인연을 맺게 되었다. 하지만 그 인연은 내가 기대한 것과는 전혀 다른 방향에서 이루어졌다.

그 무렵 나는 그와 우연히 골프장의 클럽하우스에서 마주쳤다. 그때 나는 보안대^{현재의 기무사령부}의 장교 일행과 동행하고 있었다. 내가 방위로 근무하던 시절에 가깝게 지냈던 그 장교가 마침 그 무렵 광주로 파견되어 왔기에 반가운 마음에 그와 그의 동료들을 초청하여 함께 골프를 치고 난 뒤에 식사를 하던 중이었다.

서너 명의 남자들이 클럽하우스로 들어섰다. 그들 중에는 내가 알고 지내는 이도 섞여 있어서 눈인사를 건넸다. 밥을 먹던 중에 저쪽 무리에 있던 지인이 우리 쪽으로 다가왔다. 사업을 하면서 알게 된 백도영이라는 사람이었다. 그는 폭력조직 서방파의 두목이었던 김태촌^{2013년 1월 사망}의 직계 후배로, 김태촌의 심복이나 다름없었다.

"여 회장, 홍준표 검사 알죠? 홍준표 검사가 우리랑 같이 운동하러 왔는데, 와서 인사라도 하시겠소?"

백 사장 일행이 있는 쪽을 건너다보니, 내 연배의 안경을 낀 낯선 남자가 눈에 들어왔다. 그가 바로 홍준표 검사라는 사실을 직감했다.

광주에 새로 부임해 온 검사와 인사 나누는 것쯤 대수롭지 않은 일이다. 그리고 어차피 형님으로 모시는 광주지검 남상수 부장검사의 직속이니 언젠가는 만날지도 모를 일이었다. 그런데 일이 꼬이려고 그랬는지, 그날따라 나는 그와 인사를 나누고 싶지 않았다. 솔직하게 이야기하자면 그의 첫인상이 그리 좋지 않았다. 다소 거만해 보였고 힘을 가진 자 특유의 거들먹거리는 모습도 보기 좋지 않았다.

게다가 당시 나는 30대 중반이었다. 불혹을 앞둔 나이였지만, 나는 아직 혈기 왕성한 젊은이였다. 사석에서 자연스럽게 만나는 것이라면 몰라도 내 쪽에도 일행이 있는 상황에서 그가 검사라고 해서 나와 나이가 비슷해 보이는 사람에게 먼저 다가가 인사를 건네기가 그리 쉽지 않았다. 아니, 그가 검사이기 때문에 더욱 그랬는지도 모른다.

"다음에 할게. 나중에 다시 만날 날이 있겠지."

홍준표 검사와의 첫 만남은 그렇게 짧게 끝이 났다.

그때까지만 해도 나는 일이 어떻게 돌아가고 있는지 전혀 모르고 있었다. 그런데 홍준표 씨가 검사를 그만두고 난 뒤에 펴낸 자서전 『홍 검사 당신 지금 실수하는 거요』[1996, 동지]에는 당시의 장면이 이렇게 묘사되어 있다.

그러던 어느 일요일 새벽, 골프를 마치고 클럽하우스에서 식사를 하고 있을 때였다. 같이 있던 정 사장(앞서 밝힌 백도영을 홍준표 씨는 자서전에서 '정 사장'이라고 썼다)이 뒷 테이블로 가더니 돌아왔다.

"홍 검사, 여 회장이 인사를 하자고 하는데."

"어느 여자 회장이 나와 인사를 하잔다고 해요."

"허허, 여자 회장이 아니고 여한수(홍준표 씨는 자신의 책에서 나를 '여한수'라고 표현했다) 회장이 인사를 한번 하자는 거지."

순간 나는 얼굴이 확 달아올라 벌떡 일어섰다.

"여한수는 깡팹니다. 그는 깡팬데 어떻게 검사가 깡패와 인사를 합니까?"

그러고는 곧바로 돌아와 버렸다. 깡패 주제에 감히 검사를 불러 인사를 하자고 하다니 기가 막혔다.

_『홍 검사 당신 지금 실수하는 거요』, p.230~231

백도영 사장이 자기 자리로 돌아가서 이야기를 어떻게 전했는지, 홍준표 검사가 왜 불쾌해 했는지 나는 알지 못한다. 그리고 그날 클럽하우스에서 홍준표 검사 일행의 자리가 그렇게 험악하게 끝났는지도 나는 기억하지 못한다. 다만 중요한 사실은, 이 책에 의하면 이미 그때 홍준표 검사가 나를 '깡패'로 지목하고 있었다는 점이다.

그런데 위 상황은 한마디로 말이 안 된다. 홍준표 씨는 검사가 어떻게 깡패와 어울리느냐며 벌컥 화를 낸다. 그런데 이미 그는 그 자리에서 백도영이라는, 김태촌의 직계 후배이자 조직에서 부두목 급으로 활동했던 '깡패' 출신 사업가와 어울리고 있었다. 홍준표 검사가 백도영이라는 사람의 실체에 대해서 몰랐을 리 없다. 그런데도 그는 "어떻게 검사가 깡패와 인사를 합니까?"라고 불쾌해 하고 있는 것이다. 자신이 하면 로맨스고, 남이 하면 불륜인가? 참 어처구니가 없다.

결론부터 이야기하자면, 홍준표 검사가 나를 기소한 죄목은 '범죄 단체 수괴 혐의'였다. '범죄 단체 수괴'란 쉽게 말해서 조직폭력배의 두목이라는 뜻이다. 그의 책에 의하면 그날 나와 우연히 만나기 전부터 홍준표 검사는 나를 조직폭력단체의 두목으로 지목하고 수사를 진행해왔다는 것인데, 나는 그런 사실을 까맣게 모르고 있었다.

그런데 그의 책에는 언론사의 기자들 앞에서 나를 붙잡아 넣겠다고 호언장담하는 장면까지 나온다. 미국 메이저리그의 전설적인 야구선수 베이브 루스가 홈런을 칠 타구의 방향을 예고한 것처럼, 이야기의 정황상 건설업체들의 입찰 담합 비리 사건을 성공적으로 끝낸 뒤 의기양양해진 그가 기자들 앞에서 '예고 수사'를 발표하고 있다.

"다음 처단 대상은 국제 PJ파 두목인 여한수입니다."

내 방에서 차를 마시던 기자들은 놀란 표정으로 나를 바라보았다. 그러나 나는 그들에게 여유 있게 웃어 보였다.

"그렇게 만만하게 되겠습니까?"

"가능할까요?"

기자들은 수군거리며 어림없다는 듯이 고개를 저었다. 그만큼 광주·전남 지역에서의 그의 존재는 철옹성이었던 것이다.

_『홍 검사 당신 지금 실수하는 거요』, p.225

마치 한 편의 소설을 읽는 것 같다.

낯선 지역으로 부임해 온 검사가 갖은 고생 끝에 그 지역의 고질적인 문제를 이제 막 해결한 참이다. 잠시 쉬어 갈 법도 하건만 그는 신문기자들 앞에서 다음 수사 대상을 공개적으로 지목한다. 수사 대상은 다름 아닌 그 지역 어둠의 세계를 지배하고 있는 암흑가의 보스다. 기자들은 마치 세상 물정 모르는 검사가 절대 건드려서는 안 되는 존재를 건드리기라도 한다는 듯 깜짝 놀란다. 그만큼 그 암흑가 보스의 아성이 두터운 것이다. 그리고 홍준표 검사가 지목한 현실의 대상이 바로 나, 여운환이었다.

이 여운환이라는 사람이 정말 그처럼 '대단한' 인물일까? 그것은 이 책을 읽어 나가는 독자 여러분께서 판단할 몫이다.

홍준표 씨의 자서전에 의하면 그는 광주·전남 지역 최대의 폭력조직인 국제-PJ파의 두목을 수사 대상으로 지목하면서 언론에 이 사실을 공표했다. 그러면서 홍준표 검사는, 대개 수사나 내사에 착수할 때는 거의 그러한 사실을 공개하지 않고 비밀에 부친다고 말하면서 수사 보안은 수사의 성공 여부에 있어 핵심적인 요소라고 덧붙인다. 그런데도 그가 언론사의 기자들에게 수사 대상을 공표한 것은 수사 대상이 거대 세력이거나 거물일 때는 수사 도중에 압력이 들어오기 때문이라고 밝히고 있다. 수사 자체를 만천하에 공개해서 싸움터를 뒷골목이 아니라 특설 공개 링으로 잡으면 수사를 진행하면서 들어올지 모를 청탁과 회유, 협박 등의 압력을 사전에 차단할 수 있다는 것이다.

자, 이제 홍준표 검사의 목적이 달성되기 위해서는 국제-PJ파의 두목에 대한 수사를 시작하면서 언론이 대대적으로 이 사실을 보도해야 한다. 굳이 홍준표 검사가 신문기자들에게 부탁을 하지 않더라도 항상 굵직한 사건에 목이 말라 있는 언론사들로서는 당연히 이 일을 크게 보도했을 것이다. 그런데 나는 이와 관련한 기사를 단 한 줄도 본 적이 없다. 설령 내가 놓쳤다 하더라도 내 친인척이나 지인들, 친구들이 그 기사를 보았다면 나에게 알려주었을 것이다. 그랬다면 내가 골프장의 클럽하우스에서 만나기 전부터 홍준표 검사가 나를 폭력조직의 두목으로 지목했다는 사실을 알고 있었을 것이다. 하지만 나는 어느 누구로부터도 그와 비슷한 내용의 이야기조차 들은 적이 없었다. 따라서 홍준표 검사가 국제-PJ파의 두목을 수사 대상으로 기자들에게 공표하는 책 속의 장면은 순전한 허구다.

나를 잡아넣겠다고 했을 때 기자들이 보였다는 반응(수군거리며 어림없다는 듯이 고개를 저었다)은 더욱 더 말이 안 된다. 홍준표 검사가 나에게 '국제-PJ파의 두목'이라는 멍에를 씌우기 전까지만 해도 나는 언론사의 기자들이 이름만 들어도 알 만큼 유명한 사람이 아니었거니와 나를 깡패 두목이라고 생각한 사람은 단 한 사람도 없었기 때문이다.

'국제-PJ파 두목 여운환'은 실제로 존재하는 인물이 아니라, 홍준표라는 삼류 작가의 시나리오에 의해 탄생한 허구의 인물인 것이다.

한 가지 사안이나 현상에 대해 양쪽이 상반된 주장을 펼칠 때는 무엇보다도 객관성이 우선시되어야 한다. '내가 생각할 때 당신은 이러이러하다'라고 주장하는 것은 심증적 판단일 뿐이지 그것이 결코 진실을 판가름하는 잣대가 될 수는 없다. 내가 홍준표 씨의 속에 들어갔다 나오지 않은 이상 그의 생각이나 의도를 알 리 만무하다. 그러면서 내내 '그가 잘못했다', '억울하다'고만 호소한다면 이 책을 읽어주는 독자들의 시간을 낭비하는 것밖에 되지 않을 것이다.

그래서 내가 이 책을 쓰면서 가장 주의한 점이 바로 객관성이다. 있는 그대로를 보여주고 세인의 평가를 받자는 것이다. 내가 담보할 수 있는 객관적인 자료란, 홍준표 씨가 펴낸 책에 실린 글들과 법정에서 시비를 가리는 동안 채택된 증인들의 증언, 수사와 재판이 진행되는 과정에서 혹은 그 이후에 홍준표 검사가 언론에 직접 흘린 '말'들, 그리고 재판정에서 판사가 낭독한 판결문 등이다. 나는 이 객관적인 자료들과 겉으로 드러난 사건의 연계성을 비교하고 분석함으로써 사실의 진위 여부를 따지고자 한다.

그리고 빼놓을 수 없는 중요한 자료가 또 있다. 그것은 홍준표 검사가 내게 보여준 행동, 그와 나 사이에 오간 대화들이다. 하지만 이것들은 자칫 잘못하면 나 한 사람의 일방적인 주장을 관철시키기 위해 동원

된 거짓 자료라는 오해를 불러일으킬 수 있다. 그럼에도 앞서 말한 객관적 자료들과 서로 상충하는 부분이 없다면 그와 나 사이에 오간 일들에 대해서도 나는 몇 가지 이야기를 하지 않을 수 없다.

솔직히 홍준표 검사와 나 사이에 오간 일들에 대해서는 하나부터 열까지 전부 까발리고 싶은 마음 간절하다. 하지만 나 혼자 떠들어보았자 그것이 진실을 가리는 데 얼마나 큰 역할을 하겠는가. 게다가 홍준표 검사가 내게 보인 언행들 가운데 어떤 것들은 너무나 비상식적이고 염치도 없는 것이어서 내가 까발린다 한들 곧이곧대로 받아들일 사람이 많지 않을 것이다.

그래서 나는 그와 나 둘만이 아는 일들에 대해서는 가급적 다루지 않으려고 한다. 하지만 앞서 밝힌 대로 그가 대중을 상대로 내뱉은 말들 가운데 거짓으로 확연히 드러나는 대목에 대해서는 그 배경을 설명하는 과정에서 어쩔 수 없이 몇 가지 밝힐 수밖에 없을 것이다.

2

과대망상이거나 거짓말이거나

홍 검사가 만든 시나리오

골프장의 클럽하우스에서 우연히 맞닥뜨린 뒤로도 나는 홍준표 검사라는 존재를 크게 마음에 두지 않았다. 당시 나는 목포에 있는 백제호텔이라는 관광호텔 외에 몇 개의 사업체를 운영하는 중이어서 눈코 뜰 새 없이 바빴던 탓에 가족이나 사업과 관련된 것이 아니라면 일부러 신경을 쓰지 않고 지냈다.

그랬던 내가 홍준표 검사와 다시 만난 것은 1991년 9월 말이었다. 홍준표 검사가 직접 내게 연락한 것은 아니었다. 골프장 클럽하우스에서 처음 마주쳤던 날 자신과 동행했던 백도영 사장을 통해 자신이 근무하는 사무실에서 한번 만나자는 메시지를 전한 것이었다. 그 말을 듣고 나는 살짝 기분이 상했다. 왜냐하면 그보다 앞선 8월 중순경에 만날 기회가 있었는데, 만나기로 한 날 홍준표 검사가 갑자기 일방적으로 일정을 트는 바람에 무산된 적이 있었기 때문이다.

　그때 내가 홍준표 검사를 만나기로 했던 것은 순전히 광주지검의 남상수 부장검사 때문이었다. 남상수 부장검사가 말하기를, 홍준표 검사가 광주·전남 지역의 건설업체 입찰 담합 비리 사건을 수사하면서 나에 대해 다소 오해를 하게 된 것 같다고 했다. 그래서 직접 만나서 오해를 풀라는 것이었다. 또 남상수 부장검사는 홍준표 검사에게 일단 나를 만나보면 모든 것을 알게 될 것이라고 말해두었으니, 홍준표 검사에게서 연락이 오면 내키지 않더라도 한 번쯤 만나주라고 했다. 평소 형님으로 모시는 분이 그렇게까지 이야기를 하니, 나도 그러겠다고 했다. 홍준표 검사가 나에 대해서 어떤 오해를 하고 있는지에 대해서 아예 묻지도 않았고, 남상수 부장검사 역시 자세히 설명하지 않았다. 기분이 영 찜찜했지만 딱히 내 쪽에서 먼저 오해를 풀 만큼 잘못한 일이 없었기에 내가 먼저 나서고 싶지는 않았다.

　그러던 차에 지인을 통해 홍준표 검사로부터 만나자는 연락이 왔다. 그래서 약속 장소까지 예약해두었는데, 갑자기 홍준표 검사가 약속을 틀어버린 것이었다. 그게 8월 중순의 일이었다.

　그로부터 한 달이 지난 9월 말에 홍준표 검사는 다시 백도영 사장을 통해서 만나자는 연락을 해왔다. 사람을 오라 가라 하는 식의 태도 자체가 마음에 들지 않았다. 하지만 전에 그가 일방적으로 약속을 어겼다고 해서 마치 보복이라도 하듯 내 쪽에서 거절하는 것은 그다지 모양새가 좋지 않은 것 같아 그러겠노라고 약속을 했다.

일반 직장인들의 퇴근 시각을 훌쩍 넘긴 시각에 광주지검 홍준표 검사의 사무실로 찾아갔다. 내가 그렇게 늦은 시각에 그를 찾아간 것은 홍준표 검사의 주문 때문이었다. 아무도 없을 때 조용히 이야기를 나누자고 했다.

그때 나는 혼자가 아니라 홍준표 검사가 만나고 싶어 한다는 메시지를 전해주었던 백 사장과 동행했다. 가히 기분 좋은 방문은 아니었다. 현직 검사가 늦은 시각에 보자고 할 때는 유쾌한 일 때문은 아닐 거라고 직감했다.

하지만 막상 홍준표 검사를 만나고 나서 나는 도대체 왜 그가 나를 보자고 했는지 더욱 궁금해졌다. 사무실에 마주 앉은 뒤로 남상수 부장검사가 자신에게 나를 만나보라고 했다는 말로 운을 떼고 나서는 자기 주변의 자잘한 일상에 대해서만 이야기할 뿐이었다. 검사라는 직업이 업무가 많고 퇴근도 불규칙해서 무척 힘들다는 점, 그래도 자신의 아내는 밤늦게 퇴근하는 남편을 위해 꼬박꼬박 밥상을 차려준다는 등의 들으나 마나 한 이야기만 늘어놓았다. 그리고 나서 이제 막 골프를 배우기 시작했다는 말과 광주에 오기 전에 검사로 일하면서 겪었던 사건과 일화 등을 떠벌렸다. 다분히 자신을 과시하고 있다고 느껴지는 이야기가 대부분이었다.

나는 그 자리가 참으로 지루했다. 대화 내용이라는 것이 굳이 늦은 시각에 다 큰 남자 둘이, 그것도 그다지 친하지도 않은 사람끼리 사무실에 마주 앉아서 할 만한 것이 아닐뿐더러 그의 거만한 말투와 행동거지가 자꾸 눈에 거슬렸다. 동행했던 백도영 사장도 지루했던지 급한 일이 생겼다며 자리를 떴다. 이후로도 나와 홍준표 검사는 한 시간 이상 지루하고 쓸모없는 이야기를 계속 나누었다. 홍 검사는 어차피 자신과 내가 같은 아파트에 살고 있으니 이야기를 좀 더 나누다가 함께 들어가자고 제안하기도 했다.

홍준표 검사와 나는 동년배로, 둘 다 1954년생이다. 차라리 그가 나보다 나이가 서너 살 많았거나 어렸다면 그렇게 그 자리가 불편하지는 않았을 것이다. 그가 검사가 아닌 처지에 사회에서 만났더라면 '갑장'이라며 편하게 말을 나눌 수도 있었을 텐데……. 아니, 그가 검사라 할지라도 이렇게 그의 사무실이 아니라 사석에서 마주 앉았더라면 대화가 그렇게 지루하고 불편하지만은 않았을지도 모른다. 사무실에 마주 앉은 지 두 시간 반쯤 되어갈 무렵 나는 자리를 피하고 싶은 마음이 아주 간절해졌다. 그래서 사실은 있지도 않은 서울 손님이 기다리고 있다며 조금이라도 일찍 자리에서 일어날 핑계를 만들었다.

대화의 끝 무렵에는 홍준표 검사가 내게 언제 한번 같이 골프를 치러 가자고 제안하기도 했다. 그리고 지금 하고 있는 사업이 잘되느냐고 묻기에, 냉동 수산물을 가공하여 유통하는 아이템을 구상하고 있는데 그 일로 며칠 뒤 프랑스에 갈 예정이라고 답해주었다. 실제로 나는 그와 만난 며칠 뒤 프랑스 출장이 계획되어 있었다.

그렇게 세 시간 넘게 이야기를 나눈 뒤 나는 밤늦은 시각에야 비로소 그의 사무실을 나섰다. 이런 시시껄렁한 이야기나 나누자고 그가 나를 불렀나, 생각을 하니 어이가 없었다. 하지만 혹시 다음번에 다시 만난다면 그때는 오늘보다 편하게 이야기를 나눌 수 있을 거라고 기대했다. 그때까지만 해도 나는 그가 나를 수사 대상으로 지목하고 은밀하게 내사를 진행 중이라는 사실을 꿈에도 생각하지 못했다. 단지 검사로서 이런저런 사건을 조사하던 중에 내가 어떤 범죄와 연루된 것은 아닌지 떠보는 정도로만 생각하고 있었다.

홍준표 씨의 자서전 『홍 검사 당신 지금 실수하는 거요』에는 이날 자신과 내가 만난 장면에 대해서도 기술되어 있다. 그에 의해 이때의 장면이 어떻게 각색되었는지 살펴보자.

그해 9월 말경 여한수를 밤에 사무실로 불렀다. 여한수와 친구인 주택 회사 사장도 함께 불렀다. 나와 여한수 두 사람만의 밀담은 오해를 불러일으킬 수도 있고 잘못하면 내가 누명을 쓸 수도 있다. 그날 밤 나는 두 시간 반 동안 주택회사 사장이 배석한 가운데 그로부터 많은 이야기를 들었다.

그는 과거부터 현재까지 살아온 인생 이야기를 하며 더불어 자신이 깡패로 오해받고 있다는 말도 했다. 나는 그의 말을 다 들어주었다.

"여한수 씨는 깡패가 아니라고 말하는데 내가 내사한 바로는 조직 폭력 두목임이 틀림없어요. 하지만 그간 많은 사람들과 좋은 교분을 유지한 덕에 그분들이 내게 당신의 좋은 점을 많이 이야기하더군요. 그분들의 체면도 살리고 광주지검 강력부 검사의 체면도 살리는 방안을 강구하기로 결정했으니 내가 제시하는 세 가지 방안 중에 하나만 택하면 더 이상 고생은 하지 않을 거요."

여한수는 전혀 동요의 빛을 보이지 않았다.

"첫째는 광주를 떠나라는 겁니다. 여한수 씨가 광주에 계속 있는 한 나는 추적할 수밖에 없는데 그게 검사의 임무니까 어쩔 수 없어요. 둘째, 당신이 조직으로부터 탈퇴했다는 징후를 보이세요. 하부 조직원의 습격을 받든지 조직 해체 선언을 하든지 어떤 방법으로라도 좋아요. 셋째, 나에게 와서 자백하고 구속되는 방법이 있습니다. 그러면 최소한의 형량으로 끝내겠다고 약속할 수 있어요."

여한수는 나를 똑바로 쳐다보며 대답했다.

"첫째 방안은 일단 나는 깡패가 아니니 광주를 떠날 수 없습니다. 그리고 현재 광주·전남 지역에 벌여놓은 사업이 많아 이를 정리할 수도 없고. 그리고 둘째, 셋째 역시 깡패가 아니니 응할 생각이 없습니다."

협상은 결렬됐다. 그는 차가운 눈빛으로 일어났다.

"몸조심하는 게 좋을 겁니다."

나가는 그에게 나는 굳은 목소리로 말했다.

_『홍 검사 당신 지금 실수하는 거요』, p.232~233

훗날 이 책을 읽으면서 나는 홍준표 씨가 과대망상증에 걸려 있는 게 아닐까 하는 생각을 했다.

위의 대목은 할리우드 마피아 영화의 한 장면을 방불케 한다. 정말 대한민국 검사와 피의자가 위와 같은 대화를 나누는 것이 가능할까? 위의 이야기가 사실이라면 홍준표 검사는 심각한 직무 유기를 한 것이다.

중범죄자로 혐의를 두고 조사 중인 대상에게 검사가 세 가지 조건을 제시하면서 그중 하나를 충족시켜줄 경우 더 이상 수사를 진행하지 않겠다고 제안한다. 영화에나 있을 법한 이야기 아닌가? 만약에 실제로 위와 같은 일이 벌어졌다면, 그것은 직무 유기나 직권 남용에 해당한다. 사회악인 중범죄자를 앞에 놓고 자신의 조건을 수락하면 눈감아주겠다고 하는 것은 직무 유기에 해당하고, 그게 아니라면 사실은 범죄자도 아닌 사람을 불러놓고 겁을 주고 있는 것이니 직권 남용에 해당하는 것이다.

그때로부터 많은 시간이 지난 2013년 늦봄에 나는 당시 내 사건 담당판사였던 구상현 씨(재판 초기에 내 사건을 담당했다가 이후 다른 지역으로 발령이 나는 바람에 끝까지 내 재판을 담당하지 못했다. 만약 당시 구상현 판사가 사건을 끝까지 담당했다면 내 운명도 달라졌을 것이다. 그 이유는 뒤에서 설명하겠다. 구상현 씨는 현재 서울에서 변호사로 활동하고 있다)를 만나 비슷한 이야기를 들었다.

"법정에 들어갔는데 피고인 여운환 씨가 손을 번쩍 드는 거예요. 그래서 할 말이 있냐고 물었더니 여운환 씨가 대뜸 '판사님, 저는 저 검사님한 테 속았습니다.' 이러는 거예요. 그래서 자초지종을 물으려고 홍준표 검 사를 내 방으로 따로 불렀지. 그랬더니 자기가 피고에게 세 가지 조건을 제안했다는 거예요. 첫째는 광주를 떠나는 것, 둘째는 부하 조직원에게 칼을 맞는 것, 셋째는 자기한테 붙잡히는 것……" (구상현 씨의 말은 당시 내가 들은 것을 기억을 되살려 정리한 것이다)

　나는 검찰 조직의 사정이나 검사들의 수사 방법에 대해서 속속들이 알지는 못한다. 그게 사실일지 아닐지는 확실하지 않으나 영화나 드라 마에서 보면 검사가 용의자의 자백을 종용하면서 검찰 측에 이로운 증 언을 할 경우에는 형을 감해주겠다는 식의 거래를 하는 장면이 종종 나 온다. 그렇게 해서라도 범죄를 뿌리 뽑을 수 있다면 그렇게 하는 것이 맞을 것이다.
　그런데 홍준표 씨의 책에 묘사된 장면이나 그가 당시 구상현 판사에 게 했다는 발언은 적지 않은 문제가 있다고 생각한다. 더 큰 것을 얻기 위해 작은 것 정도는 양보하는 식의 수사상의 방법과는 전혀 상관도 없 는 거래를 했기 때문이다.

홍준표 검사의 최종 목표는 국제-PJ파의 두목을 교도소에 보내는 것이다. 그 목표를 달성하기 위해 국제-PJ파 두목의 부하를 포섭하려고 그런 공작을 펼쳤다면 그건 이해할 수 있다. 그런데 그는 자신이 목표로 하고 있는 대상을 상대로 거래를 하고 있다. 검사가 그토록 잡아넣고 싶어 하는 범죄자를 그런 식으로 재량껏 풀어준다면 우리나라 사법 체계는 어떻게 될까? 과연 현직 검사로서 홍준표 씨의 그러한 행동이 정당한 것인지 독자 여러분도 한번 생각해보시기를 바란다.

하지만 다행히도 홍준표 검사는 스스로 책에 묘사한 내용과 관련해서 직무 유기나 직권 남용으로 책임을 질 필요가 전혀 없다. 왜냐하면 그날 나와의 대화에서 그런 이야기는 전혀 오가지 않았기 때문이다.

주로 이야기를 하는 쪽은 홍준표 검사였고, 그가 내게 들려준 것이라고는 검사직의 어려움, 골프 이야기, 내 사업과 관련한 질문들뿐이었다. 때문에 나는 그가 나를 수사 대상으로 생각하고 나를 자신의 사무실로 불렀다고는 꿈에도 생각하지 못했고, 그날의 대화에서도 그와 관련된 분위기는 털끝만큼도 감지하지 못했다. 그러니 내가 훗날 그의 책에서 위와 같은 내용을 발견하고는 얼마나 황당했겠는가.

한 가지 솔직하게 말할 것이 있다. 나는 지금 대필 작가의 도움을 받아 이 책을 쓰고 있다. 아니, 나는 내 이야기를 들려주고 있을 뿐이고, 작가가 내 말을 받아 글로 옮기는 작업을 진행하고 있다. 어쩌면 홍준표 씨 역시 『홍 검사 당신 지금 실수하는 거요』를 쓸 당시 나처럼 대필 작가의 도움을 받았을지도 모른다. 그리고 홍준표 씨의 말을 작가가 글로 옮기는 과정에서 극적인 요소를 더하기 위해 다소 내용을 부풀리거나 과장했을 수도 있다. 하지만 그 이야기가 자신만의 것이 아니라 타인과 관련된 것이라면 그 내용을 기술하는 데 있어서 보다 신중할 필요가 있었을 것이다.

나는 작가와 처음 이 작업을 시작하면서 약속한 것이 있다. 절대 거짓말을 하지 않겠다, 그러니 작가께서도 없는 이야기를 만들어서 넣지는 말아 달라, 만약 이야기를 전달하고 받아 적는 과정에서 진실이 아닌 것이 단 하나라도 섞인다면 글을 다시 써야 한다……. 글로 옮기는 사람은 작가이지만 결국 그 내용에 대해서 책임지는 사람은 전적으로 내가 되는 것이다.

그리고 혹시 홍준표 씨의 책을 누군가가 대필했다고 하더라도, 나는 그 작가가 홍준표 씨의 입에서 나오지 않은 이야기를 글로 옮겼다고는 생각하지 않는다. 그리고 행여 작가가 부풀리고 과장한 부분이 있었다 하더라도 자기 이름으로 출간하는 책의 원고를 홍준표 씨가 마지막에 검토하지 않았다고 생각하지도 않는다. 누가 글로 옮겼든, 자신의 이름으로 출간된 책에 대해서는 전적으로 저자 자신이 책임을 져야 하므로 홍준표 씨 역시 원고를 꼼꼼하게 검토했을 것이다. 그러니 그의 책에 담긴 내용들은 모두 홍준표 씨의 최종적인 생각이 담긴 것이라고 보아야 할 것이다.

그런데 내가 섬뜩한 느낌을 받은 것은 2013년 늦봄에 구상현 변호사를 만났을 때였다.

홍준표 씨의 책이 나온 때가 1996년이었다. 그리고 홍준표 씨가 당시 구상현 판사에게 있지도 않은 '세 가지 방안' 운운한 때가 1992년 초였다. 그러니까 『홍 검사 당신 지금 실수하는 거요』에 실린 '세 가지 방안' 장면은 대필 작가에 의해 임의로 부풀려지거나 과장된 것이 아니라 이미 1992년부터 홍준표 검사의 머릿속에 구상되어 있던 '시나리오'였다는 사실이다.

하늘을 두고 맹세컨대, 나는 그날 홍준표 검사의 방에서 그와 이야기를 나누면서 그런 이야기를 들은 적이 없다. 만약 그날 홍준표 검사로부터 그와 비슷한 내용의 말을 조금이라도 들었다면 며칠 뒤 내가 그렇게 태연하게 프랑스 출장길에 오르지도 않았을 것이다. 그런데 만약 정말로 그가 내게 그런 말을 했다면, 앞서 말한 것처럼 그것은 직무 유기 또는 직권 남용이 되어 '모래시계 검사'라는 검사 시절 그의 명성에 먹칠을 하게 된다. 반대로 그 모든 것이 그 자신이 지어낸 '시나리오'라면 그는 스스로의 착각 속에서 살아가는 과대망상증 환자이거나 없는 사실을 밥 먹듯 지어내는 거짓말쟁이가 된다.

자, 홍준표 씨는 이 가운데 무엇을 선택할 것인가? 검사 시절 수사를 진행하면서 직무를 유기하거나 직권을 남용한 불명예스러운 전력을 선택할 것인가, 아니면 과대망상증 환자 내지는 거짓말쟁이를 선택할 것인가. 무엇을 선택하더라도 그는 오명에서 벗어나지 못할 것이다.

3

이것은 쇼다!

하루아침에 전국구 깡패 두목이 되다

광주지방검찰청의 사무실에서 홍준표 검사를 처음 만난 며칠 뒤였던 1991년 10월 초, 나는 냉동 수산물 유통 사업과 관련한 일 때문에 프랑스로 출장을 떠났다. 프랑스에 도착하고 3일 정도 지났을 때 집으로 전화를 했더니, 아내가 다급한 목소리로 말했다.

"보람이 아빠한테 전화 좀 걸어보세요. 급하게 찾으시더라고요."

'보람이 아빠'란 광주지검 강력부의 부장검사인 남상수 검사를 말한다. 앞서 밝힌 대로 남상수 부장검사는 그때 이미 십 년 넘게 알고 지낸 사이로, 내가 깍듯하게 형님으로 모시는 분이었다.

무슨 일인가 싶어 전화를 걸었다. 그러자 남상수 부장검사가 아내보다 더 다급한 목소리로 말했다.

"이봐, 여 사장. 큰일 났네. 홍준표 이 녀석이 기어이 사고를 치고 말 았어!"

나는 남상수 부장검사가 무슨 말을 하는지 도무지 알아들을 수 없었다. 그래서 물었다.

"아니, 그게 무슨 말씀이십니까? 사고를 치다니요? 그리고 홍 검사가 사고를 친 게 저하고 무슨 상관입니까?"

이어지는 남상수 부장검사의 설명을 들으면서 나는 기가 막혔다. 내가 프랑스로 떠나자마자 홍준표 검사가 나를 범죄 조직 수괴 혐의로 전국에 수배령을 내렸다는 것이었다.

나는 어안이 벙벙해서 말을 이을 수가 없었다. 불과 며칠 전에 만나 가족 이야기며 골프 이야기를 나누었던 양반이 나를 상대로 그런 혐의를 씌우고 게다가 전국에 수배령까지 내렸다니, 도저히 믿어지지가 않았다. 남상수 부장검사의 다급한 목소리가 이어졌다.

"어쨌든 당분간 돌아오지 말게나. 일이 수습되면 그때 들어오는 것이 낫겠어."

나는 그렇게 하고 싶은 마음이 전혀 없었다. 무언가 홍준표 검사가 크게 실수를 한 모양이니 내가 한국으로 돌아가서 바로잡아야겠다고만 생각을 했다.

"그런 말씀 마십시오. 무슨 일인지는 자세히 모르지만, 곧장 들어가겠습니다. 수배령을 내리다뇨! 그게 말이 됩니까?"

그리고 다음 날 나는 김포공항을 통해 서울로 들어왔다. 그리고 광주로 내려가기 전에 홍준표 검사의 사무실로 전화를 걸었다.

"홍 검사님, 어떻게 이럴 수가 있습니까? 나한테 수배령을 내렸다면 서요?"

내 전화를 받은 홍준표 검사의 목소리에는 당황한 기색이 역력했다.

"지금 어디요?"

"서울입니다. 이상한 이야기가 들려오기에 급히 귀국했습니다. 도대체 어떻게 된 겁니까?"

당시 나는 홍준표 검사에게서 그때로부터 20년이 지난 지금으로서도 도저히 이해할 수 없는 말을 들었다.

"여운환 씨, 지금 내려오면 바로 구속됩니다. 그러니까 조금 있다가 정리되는 대로 내려오쇼."

이유인즉 홍준표 검사 자신이 수배령을 내리면서 사전구속영장을 걸어놓았기 때문에 내가 검찰이나 경찰에 체포되는 순간 곧바로 구속되게끔 되어 있다고 했다. 그래서 내가 광주로 내려오는 것을 만류하는 것이라고 설명했다.

나를 잡아넣기 위해 수배령을 내린 검사가 오히려 피의자인 내가 체포될까 봐 걱정하고 있는 상황이다. 독자 여러분은 이 상황이 이해되는가? 그리고 나는 당시 상황을 어떻게 받아들였을까?

나는 홍준표 검사가 사무적인 실수를 해서 내게 수배령과 사전구속영장이 떨어졌고, 그래서 그가 자신의 실수를 만회하고 일을 바로잡을 동안 내가 억울한 일을 당하지 않도록 하기 위해 피신해 있으라고 하는 것으로 받아들였다. 누구라도 그렇게 생각하지 않겠는가? 홍준표 검사의 말대로 며칠만 서울에서 숨어 지내면 모든 것이 제자리로 돌아갈 줄로만 알았다.

그리고 내가 프랑스로 떠나기 며칠 전 그의 사무실에서 만났을 때 나는 이미 그에게 프랑스로 출장을 떠날 계획이라고 알려주었다. 그러니 그가 정말 나를 체포할 의지가 있었다면 출국금지령을 내려서 내가 공항을 통해 들어오는 순간 바로 체포되도록 조치하거나, 내가 한국을 떠나기 전이나 돌아온 뒤 자신의 가시권에 있을 때 긴급체포를 할 수도 있었을 것이다. 그런데 그는 그렇게 하지 않고 굳이 내가 프랑스로 떠나 있는 동안에 그런 일을 벌여놓았다. 게다가 공개적인 수배령을 내리고 사전구속영장을 신청함으로써 내가 광주로 내려가 해명할 기회마저 봉쇄해놓은 것이었다. 아무리 생각해도 앞뒤가 맞지 않는 상황이었다. 그래서 나는 홍준표 검사가 무언가 실수를 해서 일이 이렇게 꼬였다고 생각할 수밖에 없었다.

그런데 어이없는 일이 또 벌어졌다. 내가 서울에서 은거해 있던 10월 중순경 언론에 내가 광주·전남 지역 최대의 폭력조직인 국제-PJ파의 우두머리이며 검경이 수배 중이라는 사실이 대문짝만 하게 실린 것이었다. 이 모든 것은 홍준표 검사가 언론사 기자들에게 보도 자료를 배포해서 흘린 것이었다. 사전구속영장이 발부되어 있기 때문에 광주에 오자마자 구속될지도 모르니 잠시만 피해 있다가 내려오라는 홍준표 검사의 말만 믿고 그렇게 했는데, 수배령이나 사전구속영장을 철회하기는커녕 오히려 그는 나를 '전국구 조폭 두목'으로 내몰고 있었다.

수배령이 떨어지고 한 달이 지나고 있었다. 당시 나는 서울 방배동 서래마을에 있는 지인의 아파트에서 숨어 지냈다. 그동안 내 목에는 '일 계급 특진'이라는 포상까지 추가되었다.

광주의 인척과 전화 통화를 할 때였다. 그는 자신이 알고 지내는 형사가 한 명 있는데 그 형사가 말하길, 내가 자신에게 자수해준다면 최대한 감형이 되도록 힘을 써줄 뿐만 아니라 변호사 비용까지 대주겠다고 했다는 것이었다. 그만큼 '일 계급 특진'의 힘이 컸다.

나는 숨어 지내는 동안 끊임없이 생각했다, 내가 정말 전국에 수배령이 내려지고 사전구속영장이 발부되고 검거시 일 계급 특진의 포상까지 걸릴 만큼 거물 범죄자인가를……. 혹시 나도 모르는 사이에 내가 죄를 짓고 다녔던 것은 아닐까 하는 착각까지 들었다. 하지만 아무리 곱씹고 또 곱씹어도 나는 어리석고 겁 없이 지냈던 이십대 이후로 법에 저촉될 만한 일을 한 적이 없었다.

시간이 조금 더 지나면서 이런 생각이 들었다.

'이 모든 것은 쇼다!'

홍준표 검사가 언론에 자신의 이름을 올리고 자신의 존재감을 부각시키기 위해 꾸민 쇼에 내가 희생 제물이 되었다고 생각하지 않을 수 없었다. 그러고 보니 노량진 수산시장의 비리 사건을 들추어 검찰 선배들에게 미운 털이 박혔지만, 그는 항상 적재적소에 언론플레이를 펼치면서 자신을 대중들에게 인지시키고 있었다. 서울 남부지청에서 광주지검으로 좌천된 뒤 그는 다시 중앙 무대로 진출할 날만 손꼽아 기다렸을 것이다. 광주·전남 지역의 건설 입찰 담합 비리를 캐는 것만으로는 무언가 부족했을지도 모른다. 그래서 그는 제2의 시나리오를 준비했다. 그것이 바로 당시 정부의 '범죄와의 전쟁' 방침으로 한창 뜨겁게 달구어져 있던 핫 이슈에 편승하기 위해 조폭 두목을 잡아넣는 것이었을 것이다.

전쟁이 끝나고 남북이 삼팔선으로 분단된 뒤 대한민국 정부는 우리 사회의 주적을 간첩으로 선포했다. 정부의 방첩 조직은 실제로 간첩 활동을 한 이들을 솎아내기도 했겠지만, 정부의 국가 경영 이념을 비판하는 수많은 사람들에게 간첩 혐의를 씌우기도 했다. 반공 이념이 전 사회에 팽배해 있던 그 시절에는 일단 간첩이라는 혐의를 씌우기만 하면 만사형통이었다. 판사들도, 대중들도 간첩에게는 일말의 동정도 보이지 않았다. 하지만 당시 비일비재했던 '간첩단 사건'들은 오늘날 거의 대부분이 무죄 또는 무혐의 처리되었으며, 당시에 억울하게 징역을 살았던 '간첩'들도 대부분이 복권되었다.

간첩이라는 이슈가 시들해질 무렵 정부가 두 번째로 꺼낸 카드는 용공 세력이었다. 권력자의 장기 집권에 반대하거나 노동 현장에서 노동자들의 인권을 위해 싸운 수많은 사람들이 '빨갱이'로 내몰려 탄압을 받거나 수감되었다.

그리고 매카시즘의 망령이 힘을 잃어갈 무렵 정부는 '범죄와의 전쟁'을 선포한다. 전국의 깡패들을 모조리 잡아들이라는 것이었다. '간첩 → 용공 세력'으로 이어지던 대한민국 사회의 주적 계보에 '조직폭력배'가 이름을 올리게 된 순간이었다.

나는 홍준표 검사가 나를 조폭 두목으로 지목한 배경에 이런 사회적 분위기가 깔려 있고, 그가 자신의 공명심을 채우기 위해 나에게 국제-PJ파 우두머리라는 굴레를 씌웠다고밖에는 생각하지 않을 수 없었다.

그제야 이대로 가만히 있다가는 꼼짝없이 당하겠다는 생각이 들었다. 그래서 나는 지인들을 통해 소개 받은 변호사와 은밀히 상의한 끝에 대검찰청에 진정을 넣고 광주지검의 검사장에게 편지를 썼다. 대검찰청에 넣은 진정서에는 홍준표 검사가 무고한 사람을 조폭 두목으로 몰고 있으니 조사해달라는 내용을 썼고, 광주지검의 검사장에게 보낸 편지에는 내가 살아오면서 인연을 맺은 사람들 중 내가 조폭 두목이 아님을 보증할 수 있는 명망 있는 사람들을 거론하면서 나의 억울함을 호소했다.

그때 편지에 거론한 사람은 당시 홍준표 검사의 직속상관이며 광주지검 강력부의 부장검사로 있던 남상수 검사, 당시 법무부에서 근무하고 있던 유제인 검사, 서울 북부지검의 송진규 부장검사, 광주지검의 사건과장으로 있던 최인주 과장 그리고 전남경찰국장으로 있다가 청와대 치안비서관으로 근무 중이던 여준영 비서관 등이었다. 이들 중 유제인,

남상수, 송진규 검사와는 이미 십 년 이상 인연을 맺어오고 있었다. 그들과 처음 인연을 맺은 것은 내가 광주 상무대에서 방위 생활을 하던 때로 거슬러 올라간다.

상무대는 전남 지역에 위치한 육군 군사 교육 기관으로, 이곳에는 사법고시를 통과한 남성들이 병역 의무를 다하기 위해 검찰관으로 배속되어 있었다. 내가 상무대에서 방위 생활을 할 때 내가 소속된 분과의 검찰관이 바로 유제인 검사였다. 유제인 검사는 사람 됨됨이가 훌륭하여 당시 방위병들 중에 따르는 이가 많았는데, 나도 그들 중의 한 명이었다. 유제인 검사와 나는 각별히 친하게 지냈으며 나중에는 호형호제 하는 사이가 되었다. 내가 검사라는 직업을 가진 사람과 처음 알고 지내게 된 시작이었다.

송진규 검사는 유제인 검사의 후임으로 상무대에 와서 잠깐 인연이 닿았지만, 이후로도 내가 형님으로 모시면서 가끔씩 안부를 물으며 지내고 있었다.

남상수 검사는 유제인 검사와의 친분이 나와의 인연으로까지 발전하게 되었다. 두 사람은 부산지검에서 함께 근무했는데 1981년경 유제인 검사는 정읍으로, 남상수 검사는 광주로 각각 발령이 났다. 그때 유제인 검사로부터 남상수 검사가 광주에서 집을 구할 때까지 도움을 주라는 부탁이 있어 나는 남상수 검사를 당시 내가 운영하던 장급 모텔에서 지내도록 해주었다. 이것이 나와 남상수 검사가 인연을 맺게 된 계기였다. 남상수 검사는 그때 2년 정도 광주에서 근무하다 다른 지역으로 갔다가 내가 홍준표 검사와 엮이게 된 1991년 말경에 다시 광주지검 강력부 부장검사로 오게 된 것이었다.

최인주 수사관은 같은 아파트에서 살았는데, 내 큰아들과 최인주 수사관의 아들이 가장 친한 친구 사이였다. 학부형으로 만나 알게 되었지만, 인품이 훌륭해서 나중에는 내가 형님으로 모시게 되었다. 내가 관광호텔 오락실의 슬롯머신에 투자할 때 같이 투자를 하기도 했는데, 결국에는 이 일이 빌미가 되어 나중에 오명을 쓰게 된다. 슬롯머신 사업을 통해 벌어들이는 자본이 지하경제를 움직이는 '검은 돈'이라는 인식이 팽배해지고 철퇴를 맞으면서 현재 우리나라에서는 일부 특수한 곳에서만 운영되고 있지만, 당시에는 슬롯머신이 합법적인 사업이었다('슬롯머신 사업=조직 폭력=검은 돈'이라는 분위기를 조장하여 호텔 슬롯머신 사업장의 문을 닫게 만든 장본인이 홍준표 검사였다. 하지만 전국 어떤 슬롯머신 사업장도 조폭들이 직접 운영한 곳은 단 한 곳도 없었다. 그리고 이후 홍준표 검사는 서울지검으로 옮긴 뒤 '슬롯머신 대부'라고 불렸던 정덕진 씨 형제 사건을 진행하면서 '모래시계 검사'로 둔갑하게 된다).

그리고 마지막으로 여준영 청와대 비서관은 우리 여 씨 집안의 족장으로서 만난 문중의 어른이었다.

내가 광주지검 검사장이었던 문치용 씨에게 편지를 쓴 이유는 딱 하나였다. 편지에서 거론한 이들이 내가 조폭 두목이 아님을 보증해주리라 믿었던 것이다. 하지만 문치용 검사장은 내가 보낸 편지를 사건 기록에 첨부하라며 홍준표 검사에게 건넸다. 결과적으로 이 편지에 거론된 분들은 나중에 광주·전남 최대의 폭력조직 두목을 비호하는 세력으로 둔갑하고 만다.

4

건달의 세계

나의 어리석었던 젊은 시절

'아니 땐 굴뚝에 연기 나랴'라는 우리 속담이 있다. 이 책을 읽는 독자들께서는 이런 궁금증을 가질 것이다.

'왜 처음에 홍준표 검사가 여운환을 조폭 두목으로 지목했을까?'

사실은 나도 그게 오랜 의문이다. 도대체 그와 나 사이에 어떤 악연이 있기에 그가 그토록 집요하게 나를 물고 늘어졌을까? 하지만 지금도 그 답을 찾을 수가 없다. 다만 몇 가지 빌미가 된 일들은 있었다. 홍준표 검사가 광주에서 근무하던 시절 나는 몇 개의 사업체를 거느린 사업가였지만, 소싯적에는 한동안 건달 생활을 한 적이 있었다.

그 시작을 이야기하자면 초등학교 6학년 시절로 거슬러 올라가야 한다.

나는 가풍이 센 집안에서 자랐다. 한학자이셨던 할아버지는 매일 손자들을 앞에 앉혀 놓고 선현들의 말씀을 가르치셨다. 우리 형제들은 그렇게 하루에 두어 시간씩 한학 공부를 한 다음에야 비로소 풀려날 수 있었다.

아버지는 우리가 자란 지역의 면장을 했는데, 당시의 면장은 정부가 임명하는 것이 아니라 거주민들의 투표를 통해 선출되었다. 조그만 시골 마을의 면장이 그리 대단한 직책은 아니었지만, 아버지는 모두가 가난하고 헐벗었던 시절, 마을의 주민들을 잘 살핀 공로를 인정받아 면의 사람들이 공덕비를 세울 만큼 명망 있는 분이었다.

지금은 초등학교를 졸업하면 거주하는 지역에 따라 학군 내의 중학교로 진학하게 되어 있지만, 내가 중학교에 갈 때만 해도 좋은 중학교에 진학하기 위해서는 시험을 치러야 했다. 광주에서 누구나가 인정하는 명문 중학교는 광주 서중학교와 광주 동중학교였다. 서중학교를 졸업한 학생들은 대개 광주의 명문 고등학교인 광주제일고등학교^{광주일고}에 진학했고, 동중학교를 졸업한 학생들 역시 명문 고등학교인 광주고등학교에 진학했다. 지금은 출신 중학교나 고등학교의 이름이 그다지 중요하지 않지만, 당시만 해도 출신 학교의 이름이 대단한 이력이 되었고, 성인이 되어서는 든든한 인맥을 형성할 수 있게 해주는 출발점이 되었기 때문에 자식의 출세를 바라는 부모들은 으레 자식들을 명문 중학교에 보내려고 했다. 나 역시 그렇게 자란 아이들 중의 한 명이었다.

중학 입학시험을 치르던 그날…… 어쩌면 바로 그날로부터 나의 이 불운이 시작되었는지도 모른다.

그날 시험장에는 이제 막 인생의 엘리트 코스에 들어서려는 총기 넘치는 아이들이 있었다. 그때 우리는 열세 살에 불과했지만, 집안과 가족의 기대를 한몸에 받고 있다는 사실과 시험을 잘 치러야 한다는 부담감에 몸과 마음이 꽤 무거웠다. 시험이 시작되기 전이었다. 광주 양동초등학교 출신의 아이 한 명이 내게 다가오더니 커닝을 도와달라고 했다. 당연히 나는 거절했다. 그러자 그 아이는 열세 살답지 않은 말투로 겁을 주었다. 나는 참을 수가 없었다. 그래서 싸움이 벌어졌다. 절대 일어나지 말아야 할 일이 일어난 것이었다.

코피가 먼저 터진 쪽은 나였다. 싸움에 진 것이다. 잔뜩 집중을 해도 모자랄 판에 부당한 일에 엮여 코피가 터지고 더군다나 싸움에 졌다는 생각에 분을 삭일 수가 없었다. 시험지의 문제들이 눈에 들어올 리 없었다. 결국 그날 나는 시험을 망치고 말았다.

명문 중학교에 진학하려던 포부가 무너지고 나는 6학년 재수생이 되고 말았다. 이때부터 나는 공부를 등한시했다. 교실의 급우들보다 한 살 많다는 일종의 우월의식이 머릿속에 자리 잡으면서 나는 조금씩 엇나가기 시작했다. 그렇게 일 년이 지난 뒤 다시 시험을 치렀다. 나는 서중학교에 진학하기를 희망했지만, 일 년 동안 공부를 멀리했던 내 실력으로는 집안의 기대를 받으며 공부에만 매진했던 아이들을 따라잡을 수가 없었다. 결국 나는 서중학교 진학에 실패했다. 또 일 년을 허비할 수가 없어 동성중학교에 진학했다.

동성중학교에 다니며 공부를 열심히 했더라면 좋은 고등학교에 진학할 수 있었을 테지만, 나는 중학교에 진학한 이후로 완전히 딴사람이 되고 말았다. 질이 좋지 않은 아이들과 어울리기 시작했고, 교실에 있는 시간보다는 시내의 빵집 유리벽을 통해 바깥세상을 노려보는 시간이 더 많아졌다. 게다가 한 살이 많다는 사실 때문에 껄렁껄렁한 아이들 사이에서도 나는 대장 노릇을 하게 되었다. 소위 말하는 '짱'이 되어 선배들의 눈에 들면서는 조금 더 대담해졌다. 명문 학교에 진학해서 엘리트의 길을 걷기를 원했던 집안의 기대와는 달리 나는 그 반대편 세계에서 상승가도를 걷고 있었다.

결국 명문 고등학교 진학에 실패했다. 내가 다니게 된 고등학교에는 광주 인근 지역에서 유학을 온 학생들이 많았는데, 그러다 보니 곧잘 이 아이들의 자취방이 아지트가 되고는 했다. 어른들의 눈을 피해 제멋대로 행동할 수 있는 공간이 더욱 넓어진 것이었다.

공부와는 담을 쌓았고, 아이들과 어울려 다니며 어른들이 말리는 짓만 골라서 하고 다녔다. 대장 노릇을 하다 보니 싸움이 벌어지면 제일 앞장서서 싸움판을 리드했다. 그런 나를 선배들은 대견해 했다. 나는 점점 더 건달의 세계에 깊이 빠져들고 있었다.

지금은 사라졌지만, 내가 고등학교를 졸업할 무렵까지만 해도 예비고사라는 것이 있었다. 현재의 수능시험과 비슷했던 예비고사는 본격적인 대학 입학시험 전에 치러지는 것으로, 시험을 치르는 사람이 대학에 들어갈 자격이 있는지 없는지를 판가름하는 시험이었다. 나는 이 시험에서도 물을 먹었다. 당연한 결과였다. 당시에는 초급 대학도 없었기 때문에 나와 학교와의 인연은 거기에서 끝나고 말았다. 그리고 학교와의 인연이 끝난 것과 동시에 나의 짧은 건달 생활이 시작되었다.

내가 건달 생활을 하던 당시 우리 패거리가 아지트로 활용한 곳이 〈국제 다방〉과 〈PJ 음악 감상실〉이었다. 국제-PJ파라는 명칭은 바로 여기에서 비롯되었다. 경찰과 검찰은 '범죄와의 전쟁' 때 폭력배들의 계보를 작성하면서 어떤 패거리가 아지트로 삼고 있는 상점이나 가게, 자주 출몰하는 지역의 상호를 따서 이름을 붙였다. 그러니까 국제-PJ파, 콜박스파와 같은 조직의 명칭은 그 조직 스스로가 지은 것이 아니라 검찰과 경찰이 붙인 것이었다. 콜박스파는 유흥 주점이 많은 곳에 콜 박스^{call box}

가 한 구석에 설치되어 있었는데 그 부근에서 주로 떼 지어 돌아다닌다고 해서 붙여진 이름이었다.

당시 나와 어울려 다닌 건달들은 조직폭력과는 거리가 멀었다. 우리는 조직폭력 단체라는 것의 존재조차 모르고 있었다. 영화에서 보여주고는 하는, 회칼과 손도끼, 야구 방망이 등을 들고 상대를 공격하는 살벌한 싸움 같은 것이 전혀 일어나지 않은 것은 아니지만, 우리들 사이에 벌어지는 싸움 대부분은 그저 시비를 걸어오는 패거리가 있으면 떼거지로 달려가서 혼을 내주는 정도에 불과했다.

물론 우리 패거리가 범죄와 전혀 무관한 것은 아니었다. 그것이 건달들끼리의 일이라고 할지라도 일단 주먹질이 오가고 흉기 등으로 상대를 위협하면 그것은 분명 폭력이다. 폭력 행위는 법으로 다스리는 것이 맞다. 또 때로는 우리 패거리의 일원에게 어느 누군가가 법이나 규칙만으로는 해결할 수 없는 일을 청탁하는 경우가 있었을 것이고, 그 일을 수락하고 진행하는 과정에서 불법이 자행되기도 했을 것이다.

하지만 우리 건달들에게도 나름의 자존심이 있었다. 그 첫 번째 자존심은 '건달들은 건달들의 세계에서만 논다'는 것이었다. 패거리의 힘을 믿고 약한 사람을 괴롭히는 것은 건달의 자존심을 저버리는 행위로 간주했다. 간혹 패거리 중의 누군가가 좀 심하게 나대다가 아무런 힘도 없는 시민에게 피해를 입히기라도 하면 선배들이 따끔하게 혼을 내기도 했다.

건달들의 패거리도 일종의 모임이고 단체이다 보니 우두머리가 있기

마련이었다. 하지만 우리들 사이의 우두머리란 영화에서 묘사하는 것처럼 절대적인 충성을 바치는 대상이 아니라 후배들을 잘 챙기고 비겁하게 행동하지 않는 야무진 선배일 뿐이었다.

그런데 그것이 '범죄와의 전쟁'이 선포되고 검찰과 경찰에 의해 폭력조직 계보도가 작성되면서 '~파'가 되고 '조폭'이 되고 '조폭 두목'으로 탈바꿈되었다. 내가 건달 세계와 완전히 담을 쌓고 지낸 훗날에 TV나 신문을 통해 보도되는 폭력조직 관련 뉴스를 접하면서 나는 '우리가 정말 저렇게 무시무시한 존재들이었던가' 하는 의아한 생각이 들기도 했다.

내가 지금 깡패의 편을 드는 것은 절대 아니다. 하지만 영화나 TV 드라마를 통해 잘못 묘사된 건달의 세계에 대해서는 시각을 교정할 필요가 있다고 생각한다. 영화나 TV를 보면 깡패들이 경찰의 검거에 맞서서 일대 결전을 준비하거나 경찰의 검거에 대항해서 폭력을 휘두르는 장면이 종종 있는데, 그건 100퍼센트 완벽한 허구일 뿐이다. 내가 아는 한, 범죄와의 전쟁 그 이전이나 이후 어떤 시대에도 건달이나 깡패가 경찰을 상대로 대항을 하거나 폭력을 휘두른 예는 없다. 검거하고 검거당하는 과정에서 실랑이가 벌어지면서 경찰이 다치는 경우가 있기는 하지만, 건달이나 깡패가 상대를 제압하겠다는 의도로 경찰관에게 폭력을 휘두른 경우는 극히 드물다. 아니, 거의 없다고 단언할 수 있다. 그런데도 영화나 TV 드라마는 건달과 깡패들을 공권력조차도 두려워하지 않는 무시무시한 존재들로 그리고 있다. 바로 이런 허구의 장면들이 건달과 깡패를 더욱 두려운 존재로 만들고 있는 것이다.

물론 건달 생활을 하던 시절, 내가 떳떳했다는 것은 절대 아니다. 그런 식으로 젊음을 낭비하고 싸움질이나 하고 다니는 것 자체가 죄스러웠다. 그리고 사회로부터 점점 격리되고 있다는 단절감과 열등감은 나를 점점 더 공격적인 인간으로 만들고 있었다. 건들거리고 거들먹거리는 친구들과 시내를 활보하며 시민들에게 눈을 부라리고 공공장소에서 위화감을 조성하는 횟수가 점점 늘어났다. 그렇게 행동한 뒤에는 더욱 큰 단절감과 열등감에 괴로워하고는 했다.

훗날 홍준표 검사가 나를 조폭 두목으로 옭아매는 데 좋은 구실이 된 칼부림 사건이 일어난 것은 1974년, 내가 스물두 살 때였다.

당시 나와 어울려 다니던 후배 중에 현기용이라는 친구가 있었는데, 서방파 두목 김태촌^{사망}의 직계 후배였던 백 아무개 무리가 그를 집단 폭행한 일이 벌어졌다. 가만히 있을 수 없었다. 그래서 내가 앞장서서 보복에 나섰다.

큰 싸움이 벌어졌다. 그렇다고 해서 영화에서 종종 보여주는 조폭들의 살벌한 싸움판은 아니었다. 앞서 말한 것처럼 당시 우리는 조직폭력이라는 것의 존재조차도 모르고 있었다. 우리들 건달들의 싸움이란, 같이 어울려 다니는 무리 중에 누가 다른 패거리에게 맞거나 괴롭힘을 당했을 때 보복을 하는 것이 전부였다. 하지만 칼부림 사건이 있던 그날 나는 큰 실수를 하고 말았다. 상대편 기를 죽이고 겁이나 주겠다고 가지고 나간 회칼을 사람에게 휘두르고 만 것이었다. 나에게 칼을 맞은 이는 크게 다쳤고, 나는 체포되었다. 재판에서 검사는 7년을 구형했다. 지금 같으면 15년형에 해당하는 큰 사건이었다.

그때 나는 세상에 태어나 처음으로 굴욕을 맛보았다. 내가 굴욕을 당한 것이 아니라, 나 때문에 부모님이 굴욕을 당해야 했다. 부모님이 당하는 굴욕은 내가 당하는 굴욕보다 백 배 천 배 더 뼈아팠다. 가난한 이웃들을 돌보며 하늘을 향해 한 점 부끄럼 없이 살아오신 아버지가 젊은 검사와 경찰관들 앞에서 머리가 땅에 닿도록 조아리며 빌고 있었다. 아버지 앞에서 검사와 경찰관들은 잔뜩 거드름을 피우거나 고압적인 자세를 취했다. 그 모습을 보며 나는 혀를 깨물고 죽고 싶을 만큼 마음을 크게 다쳤다.

하지만 일을 그 지경으로 만든 것은 나였다. 누구를 탓할 수 없는 일이었다. 그때 나는 다시는 이처럼 어리석은 짓을 반복하지 말자고 다짐했다. 건달 생활을 청산하는 것만이 다시 부모님의 떳떳한 아들로 설 수 있는 유일한 길이었다.

다행히도 부모님이 적지 않은 돈으로 피해자와 합의를 하고 법원에 선처해줄 것을 간곡히 요청한 덕분에 나는 집행유예를 받는 것으로 40일 만에 풀려났다. 구치소에서 나서는 순간, 나는 이 사회가 나에게 다시 한 번 더 기회를 준 것에 진심으로 감사했다. 그리고 생각했다. '건달 여운환은 어제 죽었다'라고……

이후로 나는 정말 건달의 세계에서 떠났다. 영화에서는 조폭의 세계를 떠나려는 조직원은 참혹한 보복을 당한다는 식으로 묘사되고는 하는데, 그것은 정말 영화일 뿐이다. 나는 어울려 다니던 패거리들과 거리를 두면서도 보복을 당하거나 협박을 당한 적이 한 번도 없었다. 단지 그들 역시 우리만의 방식으로 오랫동안 우정을 나누어온 친구였기에 함께 시간을 보내지 못하고 어울려 다니지 못하는 것을 아쉬워했을 뿐이다.

그리고 그 무렵 아내를 만났다. 좋은 집안의 좋은 여자였다. 대학을 나와 도청 도지사의 비서실에서 근무하던 재원이기도 했다. 나와 어울리기에는 과분한 여자였다. 나는 아내를 만나면서 다시 한 번 건전한 시민으로 살겠노라고 다짐했다. 장인어른과 장모님은 나에 대해서 어느 정도 알고 있었기에 딸을 주지 않으려 했다. 그럴수록 더욱 착실한 모습을 보이며 두 분의 마음을 돌리려고 애썼다.

그 무렵 나는 집에서 마련해준 사업 자금으로 화공 약품을 취급하는 작은 공장을 운영하고 있었다. 영업 실적이 좋아 꽤 많은 돈을 모았다.

1977년 1월 8일, 아내와 결혼식을 올렸다. 그때 아내는 이미 뱃속에 첫 아이를 품고 있었다. 결혼한 지 오래지 않아 아들이 태어났다.

사업은 탄탄대로를 달렸다. 더 많은 돈을 벌기 위해 광주 시내의 한적한 곳에 룸살롱을 열었다. 룸살롱도 장사가 꽤 잘되었다. 하지만 룸살롱은 2년도 채 운영하지 않고 다른 사람에게 넘겼다. 왜냐하면 아이가 유치원에 가기 전에 유흥업소는 정리하기로 했던 아내와의 약속을 지켜야 했기 때문이다.

이후로도 운이 따랐는지 손을 대는 사업마다 모두 잘되었고 승승장구했다. 나를 아는 광주 사람들 대부분이 나를 성공한 젊은 사업가로 인정해주었다. 세 아들은 건강하게 자라주었고, 시간이 지났어도 나는 여전히 아내를 깊이 사랑했다. 홍준표 검사를 만나기 전까지만 해도 나는 세상에서 가장 행복한 사람이었다.

5

홍 검사가 퍼뜨린 야쿠자 관련설

홍 검사의 지능적인 언론플레이

수배령이 떨어진 뒤로 나는 서울 방배동 지인의 아파트에서 두문불출했다. 전화를 통해 들려오는 광주의 소식은 암울하기만 했다. 시간이 지나면 모든 것이 제자리로 돌아가리라던 나의 기대가 서서히 무너지고 있었다.

그러던 중 1991년 12월 4일에 청천벽력 같은 소식이 또 들려왔다. 내가 대한민국 전라도 지역을 대표해서 일본의 야쿠자 의식에 참석한 증거물이 나왔다는 뉴스가 언론에 보도된 것이었다. 증거물인 비디오테이프에는 일본과 한국의 폭력조직이 결연의식을 맺고 있는 장면이 담겨 있으며, 거기에 내가 전라도 대표로 참석하고 있다는 것이었다. 나는 그 기사를 읽으면서 치가 떨렸다. 몇 해 전, 지금은 방송인으로 성공한 전 씨름 선수의 모습이 담겨 있다고 해서 화제가 되었던 바로 그 비디오테이프였다.

1986년부터 나는 광주 시내에서 꽤 규모가 큰 제과점을 운영했다. 제과점의 실내 인테리어는 젊은이들의 취향에 맞게 꾸몄는데, 당시로서는 보기 드물게 벽면에 멀티비전을 설치해서 최신 뮤직 비디오를 하루 종일 틀었다. 젊은 고객들의 반응이 꽤 좋았다. 하지만 아쉬운 점이 하나 있었다. 멀티비전으로 보여주는 노래와 화면은 레이저디스크(CD처럼 생겼는데 크기는 일반 LP만 했다. 플레이어로 돌리면 TV를 통해 음악과 영상이 나왔다. 지금은 단종되었다)를 플레이해서 나오도록 하는 것이었는데, 국내에 수입된 레이저디스크의 종류가 그리 많지 않아서 보다 다양한 노래와 뮤직 비디오를 고객들에게 보여줄 수 없다는 점이었다.

그러던 중 1988년 가을 무렵이었다. 미국에서 돌아와 목포에 터를 잡았던 가수 남진 씨로부터 연락이 왔다(남진 씨는 지인을 통해 알게 되었다. 목포에 자리를 잡았을 무렵 남진 씨는 한 달에 한두 번 광주로 찾아와 나와 어울리고는 했다). 이번에 일본 오사카에서 열리는 공연에 초청을 받아서 가게 되었는데, 같이 가지 않겠느냐는 것이었다. 공연을 하는 가수 앞으로는 매니저 몫으로 호텔 숙식권과 비행기 티켓이 한 장 더 나오는데, 이번 기회에 내가 자신의 매니저 역할을 하면서 같이 헐값에 일본 관광이나 하자는 것이었다.

그때 내 머릿속에 제일 먼저 떠오른 것이 레이저디스크였다. 아무래도 일본 쪽에 레이저디스크 종류가 많을 것이고 그런 만큼 값도 쌀 것 같았다. 게다가 한국에 들어올 때 남진 같은 유명 가수에게 슬쩍 묻어서 들어오면 세관을 통과하는 것도 한층 수월할 것이라는 계산이 섰다. 그래서 흔쾌히 동의하고 함께 일본 여행길에 올랐다.

남진 씨가 초대를 받은 공연은 우리나라 민속씨름을 일본에 알리는 대회의 흥을 돋우는 자리였다. 남진 씨 외에 가수 현철 씨와 일본 현지에서 활동하고 있던 김연자 씨 등이 그 공연에 초대를 받았다. 그리고 민속씨름협회 관계자들도 대거 일본으로 건너갔다.

오사카에 도착한 첫날부터 나는 남진 씨와 동행하며 함께 시내 구경을 하고 쇼핑도 했다. 내가 목적했던 레이저디스크도 다량 구매했다.

공연이 다가오자 남진 씨는 공연 연습에 하루 종일 매달렸다. 나는 공연 리허설이 펼쳐지는 동안 우두커니 앉아 구경만 했다. 그 이튿날에도 연습은 계속되었다. 리허설 첫날에는 그래도 리허설 구경하는 재미가 있었지만 둘째 날부터는 같은 노래에 같은 몸짓을 계속 보고 있으려니 좀이 쑤시고 지루했다.

그러던 차에 씨름협회 부회장이던 이강환 씨가 같이 어떤 행사에 참여하지 않겠느냐고 제안했다. 달리 할 일도 없이 가수들의 공연 준비를 구경하고만 있던 나는 색다른 경험을 할 수 있겠다는 생각에 그의 제안을 수락했다.

이강환 씨는 부산을 거점으로 하고 있는 폭력조직인 칠성파의 두목으로 알려진 사람이다. 나도 그런 사실을 잘 알고 있었다. 하지만 그가 어떤 사람이건 그것은 중요하지 않았다. 따지고 보면 한때 건달 생활을 했던 내 입장에서는 선배 격인 사람이었다. 칠성파 두목과 어울렸다가 나중에 뒷말이 나올 것에 대해서도 크게 신경 쓰지 않았다. 당시 이강환 씨는 씨름협회 부회장 자격으로 일본에 온 것이었고, 그가 같이 가자고 하는 행사 역시 씨름과 관련된 것일 거라고만 생각했다.

행사가 열리는 장소는 일본의 저택이었다. 덩치 큰 우리나라 씨름 선수들과 감독들, 씨름협회의 임원들 그리고 일본인으로 보이는 사람들로 저택이 가득 찼다.

행사가 시작되기를 기다리는데 일본 측 안내원이 다가와서는 내게 종이 한 장을 내밀며 거기에 출신 지역과 이름을 한자로 적어 달라고 요청했다. 나는 먼저 내 이름을 한자로 썼다. 그리고 출신 지역을 쓰려고 했다. 당시 광주가 막 광주광역시로 바뀌었을 무렵인데, 갑자기 광역시의 '역'자가 떠오르지 않았다. 한자를 잘못 썼다가는 국제적으로 망신을 당하겠다 싶어서 그냥 쓰기 편한 '전남'이라고 썼다. 당시에 일본에 동행했던 사람 중에 김○국이라고 하는 이가 있었는데, 그는 자기 이름을 한자로 적을 줄 몰라서 내가 대신 적어 주기도 했다. 한자가 정확한지 어떤지 따지지도 않고 그냥 내가 아는 한자를 총동원해서 '김○국'이라는 음으로 발음되도록 적은 것이었다.

행사가 본격적으로 시작되고 나서야 나는 그게 어떤 행사인지 알아차렸다. 아마도 그 행사에 참석했던 씨름 선수들과 감독들, 협회 임원들 대부분이 행사의 정체를 알지 못한 채 그 자리에 앉았을 것이다. 내 이름 뒤에는 내가 조금 전에 써준 이름과 출신 지역이 수건 한 장 크기의 천에 정서되어 있었는데, 거기에는 내가 써준 것이 약간 변형되어 '全羅道 理事 呂運桓전라도 이사 여운환'이라고 적혀 있었다. 내가 한자로 이름을 써준 김○국은 전주 사람이었는데, 그에게도 '전라도 이사'라는 직함이 붙어 있었다.

시간이 조금 지나서야 이강환 씨가 개인적으로 일본 오사카 지역의 야쿠자와 의형제 의식을 맺는 자리에 우리가 그의 세력으로 동원되었다는 사실을 알게 되었다.

하지만 나는 그것이 별 문제가 되지 않았다. 긴 다다미방에 미동도 하지 않는 채 횡렬로 앉아 있는 야쿠자와, 직감적으로 건달 행세를 해야 한다는 사실을 알아차리고서 몸을 곧추세운 채 잔뜩 눈에 힘을 주고 있는 한국 사람들이 마주 앉아 있었다. 그 가운데에서 엄숙한 의식이 진행 중이었다. 돈을 주고도 구경하지 못할 진귀한 볼거리에 나는 신이 났다. 만약 이강환 씨가 나를 그 자리에 데려가주지 않았다면 서운했을 것이라는 생각이 들 정도였다. 행사가 진행되는 내내 일본 측에서 비디오 카메라로 촬영하는 것을 보았기에 그들에게 비디오테이프 하나 구할 수 없느냐고 요청하기도 했다. 지금 생각하면 참 순진하기 짝이 없는 행동이었다.

그리고 며칠 뒤 씨름대회를 성공적으로 치르고 나서 나는 씨름협회 사람들 틈에 섞여 한국으로 돌아왔다.

이것이 홍준표 검사가 나를 조폭 두목으로 내몰면서 언론에 흘린 '야쿠자 비디오테이프 사건'의 전말이다. 그런데 홍준표 검사는 이 비디오테이프를 언론에 배포하면서 일본 야쿠자 세력의 검은 돈이 한국으로 유입되고 있다는 식으로 이야기를 크게 부풀렸다. 우리나라 사람들에게 좋지 않은 인식을 주고 있는 야쿠자와 나를 연계시켜 '범죄자 여운환'이라는 이미지를 부각시키고, 국제-PJ파가 마치 글로벌 네트워크를 갖춘 국제적인 범죄 집단이라도 된다는 양 격상(?)시킴으로써 사건을 사회적 관심의 중심에 놓으려 했던 것이다.

처음에는 의욕이 앞선 검사의 실수려니 생각했던 일이 종잡을 수 없을 정도로 커지고 있었다. 이미 대검찰청에 진정서도 넣고 광주지검의 검사장에게 편지도 썼지만, 아무런 소용이 없었다. 어떻게 해야 이 억울한 상황에서 벗어날 수 있을까 궁리했지만 뾰족한 수가 떠오르지 않았다. 그러다가 홍준표 검사가 하는 것처럼 나도 언론플레이를 해야겠다고 생각하고 한겨레신문과 동아일보 기자에게 일종의 성명서를 보냈다.

아래의 인용 글은 당시 내가 보낸 성명서를 바탕으로 한겨레신문이

보도한 기사의 전문이다(동아일보에도 성명서를 보냈지만, 동아일보는 보도 직전에 상부의 지시에 의해 기사가 삭제되었다고 한다). 기사에서도 역시 이름은 가명으로 처리했다.

'수괴' 지목 여 씨 '결백' 주장

검찰 "최대 폭력조직… 야쿠자 자금 유입" 발표
여씨 "언론 이용한 짜 맞추기… 인권 침해" 주장
관심 끄는 광주 피제이파 '우두머리' 공방

여운환(37·광주시 북구 우산동·수배중) 씨는 과연 광주 피제이파의 우두머리인가 아니면 검찰의 '괘씸죄'에 걸려 억울하게 조직폭력배의 수괴로 몰리고 있는 것인가.

광주지검이 광주 지역 최대 폭력조직의 우두머리로 지목해 수배중인 여운환 씨가 자신의 결백을 주장하면서 검찰권 남용과 인권 침해라며 각계에 진정하는 등 검찰과 형사 피의자 사이에 좀체로 보기 힘든 불꽃 튀는 공방을 벌여 관심을 모으고 있다.

광주지검 강력부 홍준표 검사는 지난 10월 18일 기자들에게 나눠준 보도 자료를 통해 국제피제이파의 실질적 우두머리로 여 씨와 현기용 씨를 지목해 공개 수배했다. 홍 검사는 이들이 "지난 86년 광주 시내 최대 폭력조직인 국제피제이파를 결성해 사업체 경영으로 모은 막대한 자금을 이용해 조직원 1백여 명을 이끌어오면서 대립 세력 '콜박스파', '무등산파'와 관할 구역을 놓고 몇 차례 도심 유혈극을 벌이는 등 광주 시민들을 공포의 도가니로 몰아넣었다"고 밝혔다.

홍 검사는 그 뒤 지난 4일(12월 4일)에도 여 씨가 88년 11월 일본 오사카에서 열린 이강환(부산 칠성파 우두머리·수감중)과 가네야마 고자부로(야쿠자 일파)의 의형제 결연식 장면을 담은 비디오테이프를 몇몇 기자들에게 보여주고, 여 씨가 야쿠자 조직과 관련돼 자금 유입 가능성에 대해서 수사하고 있다고 흘려 일부 언론에 크게 보도토록 했다.

그러나 검찰 쪽의 이런 '발표'에 대해 여 씨 쪽은 검찰권의 남용이며 인권 침해라고 강력 주장하고 있다. ①우선 검찰이 우두머리로 몰아세우는 부분에 대해서 여 씨 쪽은 김낙중(33·90년 12월 국제피제이파 우두머리라는 혐의로 구속되었으나 2심 4차 공판에서 자신이 우두머리가 아니라고 진술해 5년에서 3년으로 감형) 씨가 20여 년 전 광주를 떠난 전기창 씨나 폭력 세계를 떠나 건설회사와 호텔 등을 경영하며 사업에 열중하고 있는 여 씨를 '우두머리'라고 지목한 것 자체가 문제가 있다고 주장한다. 즉 김 씨가 전 씨나 여 씨를 우두머리라고 진술한 것은 자신이 우두머리라는 사실을 인정할 경우 5년 이상의 형을 받을 것으로 보고 허위 진술했다는 것이다. 여 씨는 또 이런 법정 진술 외에 홍 검사와의 개인적 감정도 자신을 우두머리로 지목하는 데 큰 몫을 한 것 같다고 변호사를 통해 말하고 있다.

여 씨는 자신이 홍 검사와 골프장에서 마주쳤을 때 인사하지 않은 것과

②추석 때 홍 검사와 같은 아파트에 사는 친지 홍 아무개(의사)에게 보낸 주방용기(가위·과도 세트)가 홍 검사에게 잘못 전달된 것을 '공권력에 대한 도전'으로 해석한 홍 검사가 무리하게 자신을 조직폭력 우두머리로 몰고 있다는 주장이다.

여 씨는 야쿠자 관련 부분에 대해서도 "가수 남진 씨가 권유해서 민속 씨름협회 초청 공연에 함께 갔을 뿐이며 터무니없는 일"이라고 어이없어 하고 있다. 여 씨와 남진 씨는 야쿠자와 전혀 관계가 없는데도 한 술 더 떠 자금유입설까지 일부러 언론에 흘린 것은 "야쿠자에 대한 사회 인식이 나쁘다는 것을 알고 거기다 여 씨를 엮어 넣으려는 계산된 언론플레이"라고 주장했다.

특히 여 씨 쪽 변호인들은 여 씨를 우두머리로 지목한 김낙중 씨 등이 검사 앞에서 한 진술이 사실과 다르다는 번복진술을 받아내 증거 보전 신청 절차를 마쳐 놓고 있기도 하다.

여 씨 변호인들은 "감형 등을 조건으로 형사피고인들로부터 받아낸 법정 진술을 토대로 여 씨를 우두머리로 지목하고 이런 사실을 언론에 보도토록 해 기정사실화하는 것은 비정상적인 짜 맞추기식 수사이며 명백한 인권 침해"라고 검찰을 맹렬히 공박하고 있다.

변호인 쪽의 이런 주장에 대해 검찰은 "법정에서 여 씨의 혐의 사실에 대한 시비를 가리겠다"며 구체적인 언급은 피하고 있다.

어떻든 검사와 변호인들 간의 공방은 여 씨가 자수하거나 붙잡힌 뒤에도 법원으로 넘어가 유무죄 여부를 놓고 판결이 나올 때까지 계속될 것으로 보인다.

사법사상 좀처럼 찾아보기 힘든 검찰에 대한 피의자의 반발이 어떻게 귀결될지 주목된다.

_1991년 12월 11일, 한겨레신문

(기사에 표시된 원형 번호와 밑줄은 내가 설명을 덧붙이기 위해 임의로 표시한 것이다.)

한겨레신문이 보도한 것처럼 검찰과, 검찰이 혐의를 두고 수사 중인 조폭 두목이 불꽃 튀는 장외 싸움을 벌이는 기가 막힌 장면이 연출되고 있었다.

검찰이 언론에 나의 야쿠자 관련설을 흘렸을 때, 내가 일본으로 건너가고 그 행사에 참석하는 데 결정적인 역할을 했던 가수 남진 씨는 자진해서 경찰청으로 찾아가서는 기자회견을 열어 검찰이 주장하는 바가 사실과 전혀 무관하다는 점을 밝혔다.

뿐만 아니라 남진 씨는 '국민 가수'라는 공인 신분에도 불구하고 내가 검거된 뒤에 열렸던 재판정에 증인으로 출석하여 홍준표 검사의 주장을 반박하기도 했다. 책을 써 내려가는 이 순간, 다시금 그때의 고마움이 새삼 되살아난다.

그리고 위 기사 인용 글에서 두 군데에 밑줄을 그어 표시를 해두었다. 그 이유는 그 부분에 대해서 독자들에게 부가 설명을 하기 위해서다. ①과 관련해서는 홍준표 검사와 우리 변호인들이 법정 공방을 벌이는 부분을 이야기할 때 다시 자세히 설명할 것이다. ②에 대해서는 지금 바로 이야기를 하겠다.

1991년 추석 즈음이었다. 명절을 앞두고 고마운 분들과 사업상 인연을 맺은 분들에게 보낼 선물을 구상하고 있을 때, 한 지인으로부터 자기네 회사가 수입한 독일제 주방용 칼 세트[쌍둥이 레이저 세트]를 명절 선물로 선택해서 구매해주면 안 되겠느냐는 부탁을 받았다. 잘 팔릴 줄 알고 대량으로 수입을 했는데 판매가 부진해서 창고에 가득 쌓여 있다고 했다. 원래 남의 부탁을 받으면 거절을 잘 못하는 성격인 데다가, 알아보니 그 제품이 가정주부들이 꽤 선호하는 명품이어서 명절 선물로 손색이 없겠다 싶어 그렇게 했다.

멀리 있는 분들에게는 소포로 보내고 광주 지역에 있는 분들에게는 당시 내 차를 운전하던 기사를 시켜 선물을 돌리도록 했다.

나와 같은 아파트에 사는 의사이자 평소 친하게 지낸 홍순표 씨에게도 기사를 시켜 선물을 보냈다. 그런데 기사가 선물을 가지고 찾아갔을 때 마침 집이 비어 있어 아파트 경비원에게 나중에 전해달라며 맡겨두었다고 했다. 경비원이 홍순표 씨를 잘 아는 듯해서 믿고 맡겼는데, 그만 배달 사고가 나고 말았다.

평소에도 근무 시간에 술을 즐겨 아파트 주민들로부터 원성을 사고는 했던 경비원이 이름을 잘못 기억하고는 아파트 같은 라인에 사는 홍준표 검사의 집으로 선물을 잘못 전해준 것이었다. 나중에야 배달 사고가 난 것을 알게 된 운전기사는 경비원에게 선물을 다시 찾아오도록 했다. 나는 선물이 잘못 배달된 집이 홍준표 검사의 집이었다는 사실도 전혀 모르고 있었다.

그런데 홍준표 검사는 내게 수배령을 내린 직후 그때의 배달 사고를 두고서 '깡패 두목이 자신을 수사하는 검사의 집으로 칼을 보냈다'는 식으로 각색해서 기자들에게 흘려 언론에 대대적으로 보도되게 만들었다. 시시비비가 가려지지 않은 상태에서 내가 숨어 지내던 때, 홍준표 검사는 그런 식으로 일방적으로 각색한 정보를 주위에 흘리고 검사장에게도 보고하여 대검찰청과 법무부에도 이야기가 들어가게 함으로써 나를 더욱 더 옥죄었다.

이런 생각을 하고는 한다. 나에게 수배령과 사전구속영장이 내려지는 데에는 아마도 홍준표 검사가 흘린 거짓 정보가 큰 역할을 했을 것이라고…….

당시 광주지검의 검사장은 문치용 검사였다. 그는 원리원칙에 투철하고 검사로서의 자존심이 매우 강한 크리스천이었다. 홍준표 검사가 나에게 수배령을 내리고 사전구속영장을 신청하기 위해서는 최종적으로 문치용 검사장의 결재가 있어야 한다. 아닌 게 아니라, 남상수 부장검사와 내가 친한 사이라는 사실을 알고 있던 홍준표 검사는 진즉에 남상수 부장검사를 나의 비호 세력으로 돌려 세우고 결재 라인을 검사장과 직통으로 연결되도록 조치해놓았다고 했다. 게다가 문치용 검사장은 광주지검으로 오기 전 전주지검 검사장으로 있으면서 전북 지역의 폭력조직을 소탕한 전력이 있었다.

이런 장면을 상상해보자.

"검사장님, 여운환이라는 깡패 두목이 저한테 칼을 보냈습니다. 자신을 수사하는 검사한테 칼을 보냈단 말입니다. 우리 검찰 조직 내부에도 여운환의 비호 세력이 한둘이 아니라고 합니다."

이 말을 들은 문치용 검사장의 머릿속에 '여운환'이라는 사람이 어떤 존재로 자리 잡았을까?

결국 이 일은 일종의 해프닝으로 끝나고 말았다. 내가 검거된 뒤 재판을 진행하는 과정에서 당시의 검사는 이 '칼 배달 사건'을 내 유죄를 입증하는 증거로 제출하지도 못했다. 이렇게 '아니면 말고' 하는 식으로 해프닝은 일단락되었지만, '깡패가 검사에게 칼을 보냈다'는 홍준표 검사의 설레발은 당시 나에 대한 수배령 공표와 사전구속영장 발부 여부를 판단해야 했던 검사장과 법원의 판사들에게 적지 않은 영향을 미쳤을 것이다.

내가 이렇게 생각하는 이유는, '여운환'이 폭력조직의 두목이라는 객관적인 증거(물론 홍준표 검사는 나름 '증거'를 구비했다. 하지만 이것들은 모두 나중에 재판을 진행하는 과정에서 판사들로부터 나의 혐의를 인정하는 데에는 충분하지 않다는 판정을 받았다)를 제시하고 인정을 받아서 홍준표 검사의 사전구속영장 신청이 받아들여졌다기보다는 그의 언론플레이를 통해 형성된 분위기 속에서 검사장이나 법원 판사가 그렇게 할 수밖에 없는 상황으로 몰렸던 것은 아닐까 하는 의심이 들기 때문이다.

홍준표 검사의 '언론플레이'는 그가 광주지검으로 내려오기 직전 서울 남부지청에서 '노량진 수산시장 사건'을 수사할 때부터 시작되었다. 검찰로서는 유야무야 넘어가려고 남부지청으로 사건을 이양하고 홍준표 검사가 맡도록 한 것을 그가 언론에 대대적으로 보도되도록 유도하면서 사건을 들추었던 것이다. 당시 이 사건을 독점 보도했던 동아일보의 임덕윤 기자는 이 일로 특종상을 받기까지 했다. 이때 언론플레이에 맛을 들인 홍준표 검사는 내 사건 때도 그리고 그 이후에도 적재적소에 언론을 활용하면서 수사 방향을 자신에게 이롭도록 만드는 동시에 자신의 존재를 부각시켰던 것이다.

해가 넘어가고 있었다. 1991년 10월 초에 수배령이 떨어진 뒤로 서울의 아파트에 꼼짝없이 갇혀 있는 동안 나는 홍준표 검사에게 두 차례 더 전화를 걸어 억울함을 호소했다. 그에게 호소한 내용은 대충 다음과 같았다.

당신이 나를 조사해보았다면 이제는 잘 알 것 아닌가…… 크든 작든 내가 폭력과 관계된 일이 하나라도 있다면, 아니 폭력 세계에서 등을 돌린 1975년 이후 지금까지 폭력조직원을 만나기 위해 교도소나 구치소에 단 한 번이라도 면회를 간 사실이 있다면 두 말 않고 처벌을 받겠다…… 이런 일은 당장 확인 가능한 것이고 그동안 당신도 나름대로 강도 높게 조사를 했을 테니 그런 일이 있었다면 진즉에 당신도 알고 있었을 것이다…… 그러니 이제는 오해를 풀고 명예 회복을 시켜달라…… 그래야 나도 고향에 내려가서 떳떳하게 사업을 하면서 살 수 있을 것 아닌가…….

하지만 전국 수배령에 이어 칼 배달 사고를 거쳐 야쿠자 관련설까지 이야기가 점점 부풀려지는 동안 나는 어느덧 거물급 보스가 되어 있었다. 한때 건달 생활을 했고 사람에게 상해를 입혀 40일 동안 구치소에 있기는 했지만, 나는 정말 그런 인간이 아니었다. 두렵고 억울한 마음에 미칠 것만 같았다.

그리고 1992년 1월 16일이 되었다. 내가 숨어 지내던 아파트에 경비실로부터 인터폰이 걸려왔다. 당시 나는 문 밖에서 사람 발소리만 들려도 깜짝깜짝 놀라던 시절이라 인터폰 벨소리에도 잔뜩 웅크린 채 무슨 대화가 오가는지 귀를 기울였다. 인터폰을 내려놓은 아파트 여주인이 다급하게 밖으로 나섰다.

"무슨 일입니까?"

"글쎄, 우리 차를 누가 박았대요."

집 주인이 문을 열고 나서자마자 우락부락한 남자들 여럿이 아파트 안으로 뛰어들었다. 형사들이었다. 내가 홍준표 검사와 전화를 할 때 위치를 추적한 경찰이 내가 은거하고 있던 곳을 알아내고는 잠복하고 있다가 그런 방법으로 아파트의 문을 열게 만든 것이었다.

이 장면 역시 홍준표 씨의 자서전에 나와 있다.

1991년 1월 16일, 서울의 한신 서래 아파트의 한 동 앞에서 소란이 벌어졌다. 고급 세단 승용차가 부서진 것이다. 수위는 곧장 11층에 사는 주인집에 연락했다. 문이 열리며 여자 한 명이 화난 얼굴로 뛰어나왔다. 김인숙이란 여자였다. 문이 열림과 동시에 문 밖에서 기다리던 수사관들이 곧장 뛰어 들어갔다. 파자마 차림이었던 여한수는 도망칠 틈도 없이 잡히고 말았다.

이 작전 계획을 짠 이 계장은 내가 남부지청 특수부에서 노량진 수산시장 사건을 수사할 때 서기로 있어 알게 된 사람이었다. 그사이 서울지검 강력부로 옮겨 가 건달과 조직폭력을 수사하면서 노련해져 있었다. 그는 일전에 이와 비슷한 사건을 경험한 적이 있었다. 아파트 9층에 있는 마약범을 체포하러 갔는데 범인이 문을 잠그고 베란다로 도주하려다 떨어져 죽은 사건이었다.

그래서 이번에는 먼저 아파트 관리실에서 11층 사람의 차를 우선 확인하고 집에 있는 것을 점검했다. 직원 네 명을 여한수의 집 11층 좌우에 미리 배치하고 나머지 직원들은 여한수의 차를 부수게 한 것이다. 노련한 그의 기지는 놀랍기 짝이 없었다. 이 사건에 사용된 체포 계획은 드라마 〈모래시계〉에 소개되기도 했다.

나는 그 전날인 15일에 서울에 도착해 이틀 만에 모든 작전을 마쳤다. 물론 이전에 세밀하게 미리 계획을 짜둔 것이기에 가능했다. 여한수를 체포한 것만 보면 극적이기까지 하지만 구속하기까지는 인내와 고통스런 나날의 연속이었다.

_「홍 검사 당신 지금 실수하는 거요」, p.224~225

홍준표 씨의 책에 '1991년'이라고 표기된 것은 편집상의 실수로 보인다. 그런데 형사들로 하여금 내가 은거하고 있던 집 주인의 차를 부수도록 했다는 것은 완전한 허구다. 형사들이 아파트 경비원에게 내가 숨어 있던 아파트로 인터폰을 해서 '누가 차를 박았다'고 거짓말을 하게끔 했고, 차를 보러 가려고 집 주인이 문을 연 사이 미리 잠복하고 있던 형사들이 들이닥쳐 나를 체포한 것뿐이다. 그런데 홍준표 씨는 책에 스스로 '극적이기까지' 보이도록 하기 위해 마치 대단한 활극이라도 벌어진 것처럼 적고 있다. 그리고 그 내용을 드라마 〈모래시계〉를 통해서 재현했노라고 자랑하고 있다.

형사들로 하여금 차를 부수게 했다는 것은 새빨간 거짓말이다. 당시 차는 멀쩡했다. 법을 수호해야 할 검사가 형사들로 하여금 남의 차를 부수게 했다면, 그것 자체가 '불법'이다. 그런데 홍준표 검사는 자신의 활약상을 부풀리기 위해 스스로 불법을 자행했다는 자승자박을 감수하면서까지 액션 영웅 이미지를 부각시키고 있는 것이다. 그것도 있지도 않앉던 사실을 가지고……

무엇이 먼저일까? 드라마에 그렇게 묘사되었기에 마치 그것을 자기가 한 양 책을 통해 이야기하게 된 것일까, 아니면 그의 과대망상이 빚은 환상일까?

아무튼 나는 그렇게 검거되었다. 프랑스에서 서울로 돌아와 숨어 지낸 지 100일이 가까워지고 있었다.

6

두목은 없고,
두목의 고문급 간부만 있었다

세상에서 가장 모순된 판결

사전구속영장이 발부된 상태였기 때문에 나는 광주로 압송된 뒤 곧장 수감되었다. 상황이 나아지기를 기다리며 100일 가까이 숨어 지냈건만 사태는 오히려 악화되어 있었다.

이 모든 것이 홍준표 검사의 치밀한 계획이었을 거라는 의심이 들지 않을 수 없었다. 그는 자신의 시나리오를 작성하면서, 과거 건달 전력이 있는 사람 가운데 우두머리로 내세워도 손색이 없을 만큼 재력을 갖춘 인물을 주인공으로 발탁할 계획을 세웠을 것이다. 어중이떠중이를 우두머리로 내세워서는 시나리오의 스케일이 볼품없기 때문이다. 그래서 고른 인물이 내가 아니었을까. 그리고 내가 프랑스로 출장을 간다는 사실을 알아내고는 내가 한국에 없는 사이에 재빨리 수배령을 내리고 사전구속영장을 신청했다. 그렇게 해서 내가 반박할 기회를 없애 버린 것이다. 심지어 나를 생각하는 척하면서 내가 광주로 내려가는 것을 막아놓고는 그 사이에 전국구 조폭 두목을 검거하기 위해 수배령을 내렸다는 사실과 내 이름을 언론에 대대적으로 공개했다. 이어서 일 계급 특진을 포상으로 내걸고, 야쿠자 관련설을 퍼뜨리면서 사건을 점점 키웠다. 이 모든 것이 너무나도 치밀한 홍준표 검사의 계략이었던 것이다. 수갑을 찬 채 서울에서 광주로 향하는 동안 억장이 무너지는 것 같았다.

홍준표 검사의 자서전에 의하면 그가 나를 국제-PJ파의 두목으로 지목한 것은 건설 입찰 담합 비리 사건을 수사하면서부터라고 기술되어 있다. 이 사건에 조직폭력배들이 깊숙이 개입되어 있는 것을 포착하고 보다 깊이 조사를 진행하던 중 '여운환'이라는 거물급 깡패를 알게 되었다는 것이다.

그런데 홍준표 검사가 본격적으로 나에 대한 내사를 시작하기 전에 이미 국제-PJ파의 두목은 구속되어 교도소에서 형을 살고 있는 중이었다. 그가 바로 앞의 69페이지의 기사 인용문에 등장하는 김낙중이다.

김낙중은 광주지검 강력부에 의해 국제-PJ파 우두머리로 기소되어 1990년 12월에 구속된 뒤 1991년 6월, 1심에서 5년형을 선고받았다. 이때 김낙중에게 5년형을 선고한 사람이 바로 처음 내 사건을 맡았던 구상현 판사다. 그러니까 구상현 판사는 불과 1년 전에 자신이 김낙중을 국제-PJ파의 두목으로 판결하고 형을 내렸는데, 광주지검 강력부가 새로운 인물을 또 다시 국제-PJ파의 두목으로 기소함으로써 동일한 죄목에 대해 전혀 다른 두 사람을 심판하게 된 것이다. 이 상황을 바꾸어 말하면, 광주지검 강력부는 구상현 판사의 판결 자체를 부정한 것일 뿐만 아니라, 김낙중이라는 엉뚱한 사람을 국제-PJ파의 두목으로 기소하고 형을 살게 만든 것이라 할 수 있다. 이 잘못에 대해서는 과연 누가 책임을 져야 하는 것일까?

경찰이 작성한 광주 지역 폭력조직의 계보도에도 엄연히 국제-PJ파의 두목은 김낙중으로 기재되어 있었다. 그런데 홍준표 검사는 국제-PJ파와 관련한 수사 자료 수십 권을 자세히 검토한 뒤에 국제-PJ파의 진짜 두목이 사실은 나와 현기용(내가 건달 생활을 하던 때에 같이 활동한 후배였다. 홍준표 검사가 기소한 무렵 그는 광주 시내에서 스탠드바와 나이트클럽 등을 운영하고 있었다. 하지만 그 역시 국제-PJ파와는 오래전에 관계를 끊은 상태였다)이라고 결론을 내렸다고 한다. 그러면서 경찰의 폭력조직 계보도에 국제-PJ파의 두목으로 나와 현기용 대신 김낙중의 이름이 올라간 것은 나와 현기용이 경찰관을 매수하여 계보도를 조작하도록 했기 때문이라고 쓰고 있다. 그의 말에 의하면 당시의 경찰관들 역시 폭력조직의 끄나풀이었던 셈이다.

그러니까 홍준표 검사의 주장에 따르면, 그는 나에게 매수된 경찰관들이 일부러 외면했거나 나에게 매수되지 않은 다른 수사관들이 미처 발견하지 못한 사실을 수사 자료를 통해 포착하고 이를 바탕으로 국제-PJ파의 진짜 우두머리를 알아낸 것이 된다. 그동안 국제-PJ파의 우두머리로 기소된 김낙중 사건을 조사할 때에는 전혀 드러나지 않았던 새로운 사실이 그에 의해 밝혀지게 된 것이다. 참으로 대단한 능력이다.

그런데 홍준표 검사는 수사 자료 속에서 구체적으로 어떤 정황과 증거를 포착하여 그러한 사실을 알아냈는지에 대해서는 이후 재판을 진행하는 과정에서도, 또 훗날에 쓴 자서전에서도 정확하게 밝히지 못했다. 그저 막연히 '조사해보니까 여운환이 진짜 두목이더라'라는 진술만 반복하고 있다.

서울에서 형사들에게 체포되어 광주로 압송된 뒤 대면했을 때도 홍준표 검사는 "조사해보니까 국제-PJ파 두목은 김낙중이 아니라 당신과 현기용이더라"는 의미의 말만 되풀이했다. 도대체 무엇을 어떻게 조사해서 그런 결론에 이르렀냐고 내가 따져 물어도 그는 계속 같은 맥락의 말만 되풀이했다. 그러면서 나의 건달 전력을 문제 삼았다. 그래서 더 참지 못한 내가 버럭 소리를 지르기도 했다.

"이것 보시오, 검사님. 검사님이나 판사님들도 현역에서 물러나 나중에 변호사를 하는 분도 있을 것이고 정치를 하는 분도 있을 것입니다. 그러면 그때도 사람들이 변호사님이나 의원님이라고 부르지 않고 꼬박꼬박 '전前 검사'나 '전 판사'라고 부릅니까? 네, 어렸을 때 건달 짓 하고 다녔습니다. 사람을 다치게 해서 죗값도 받고 반성도 많이 한 덕에 그 세계에서 빠져나올 수 있었습니다. 지금 나는 사업가입니다. 과거의 잘못을 가지고 사람을 죄인 만들지 마십시오."

스물두 살 무렵 회칼로 사람을 다치게 하여 40일 동안 구치소에 있다가 집행유예로 풀려난 이후 1987년에 부정수표단속위반에 걸려 오십만 원의 벌금을 낸 것 말고는 법에 저촉되는 행동을 한 적이 없었고, 가깝게 지내는 사람들 중에 범죄를 저질러 감옥에 간 이가 한 명도 없었기 때문에 교도소에 면회 한 번 간 적조차 없어서 교도소의 면회 방문자 기록에도 내 이름은 남아 있지 않았다. 그가 주장하는 대로 내가 폭력조직의 우두머리라면 과연 그럴 수 있을까? 심지어 홍준표 검사는 재판이 진행되는 동안 아무리 뒤져도 나의 혐의를 증명할 만한 증거가 나타나지 않자 "거 참 깨끗하게 살았구면"이라며 비아냥거리기도 했다.

수사 자료 수십 권을 자세히 검토한 뒤 나를 국제-PJ파의 우두머리로 확신하게 되었다는 홍준표 검사의 말을 나는 믿을 수가 없다. 그랬다면, 그는 재판 과정에서 그 자료에 나타난 증거들을 들어 나를 공격해야 했다. 하지만 그는 단 한 번도 그렇게 하지 못했다.

나는 홍준표 검사가 나를 국제-PJ파의 우두머리로 지목하게 된 결정적인 계기가 김낙중의 탄원서였으리라고 생각한다. 김낙중은 1심에서 유죄 판결을 받고 5년형을 선고받은 뒤 2심 재판을 진행하던 중 선고 만기일을 10여 일 앞둔 1991년 9월 28일에 탄원서를 제출했다. 기억을 더듬어보건대, 홍준표 검사가 나를 자신의 사무실로 불러서 세 시간 동안 쓸데없는 소리만 해대던 그 무렵과 시기가 겹친다. 때문에 정황상 이런 생각을 하지 않을 수 없다. 김낙중이 탄원서를 제출한 것을 확인한 홍준표 검사가 자신에게도 조폭 두목을 잡아넣을 기회가 왔다는 욕망을 품었을지도 모른다는……. 그게 아니라면 바꾸어서 생각해볼 수도 있다. 조폭 두목을 (만들어서라도) 잡아넣고 싶다는 그의 야욕이 김낙중의 탄원서를 유도한 것은 아닐까 하는……. 이 판단 역시 독자 여러분의 몫이다.

광주지방법원이 작성한 판결문에 나타난 문구를 바탕으로 김낙중이 제출한 탄원서의 내용을 간추리면 다음과 같다.

* 국제-PJ파의 실질적인 두목은 전기창, 여운환, 현기용, 유창균 네 사람이다.
* 이들 중 유창균은 오래전부터 마음을 잡고 살고 있지만 전기창, 여운환, 현기용은 당시까지도 국제-PJ파의 모든 권한을 가지고 있는 선배이다.
* 탄원서를 제출하게 된 동기는 위 사람들이 단체의 두목임에도 불구하고 폭력 세계에서 손을 씻고 살아가고 있는 자신이 위 단체의 두목이라는 오명을 쓰고 5년이라는 장기간의 옥살이를 하게 되었기에 너무나 억울하고 답답하기 때문이다.

이후 1991년 10월 4일, 광주고등법원에서 열린 심리에서 김낙중은 "전기창이 국제-PJ파의 제일 선배이고 두 번째가 여운환, 세 번째가 현기용이며, 여운환과 현기용은 풍부한 재력으로 단체를 이끌어나가고 있고 자신은 중간 간부의 위치에 있었다"고 진술했다. 그리고 1991년 10월 7일에 열린 심리에서 김낙중은 "국제-PJ파에 자신이 가입한 것은 1982년경이며 그때 전기창과 여운환, 현기용 등이 조직에서 활동하며 자금력을 바탕으로 조직의 구성원을 키워왔다"고 진술했다. 그리고 그날 검사가 "그들이 구체적으로 폭력을 지시한 일이 있는가?"라고 묻자 김낙중은 "두려워서 더 이상은 말할 수 없습니다"라고 답변했다.

그런데 김낙중의 이 탄원서가 얼마나 터무니없는 것이었는지는 나의 재판을 진행하는 과정에서 우리 변호사들에 의해 명명백백하게 밝혀졌다.

나, 현기용과 함께 국제-PJ파의 두목으로 김낙중이 지목한 전기창 씨는 1969년 4월경 폭력 사건으로 법원으로부터 집행유예를 선고받은 뒤 광주를 떠나 1985년 5월까지 외항선원으로 일했다. 그가 폭력 세계와 완전히 인연을 끊은 것이 1969년이었다는 말이다. 김낙중은 자신이 국제-PJ파에 가입했을 때 전기창 씨가 조직에서 활동하고 있었다고 탄원서에 진술했는데, 이 무렵 전기창 씨는 외국에서 배를 타고 있었다. 게다가 전기창 씨가 손을 씻고 광주를 떠났던 1969년에 김낙중은 열한 살에 불과했다. 그러니 김낙중이 전기창 씨를 대면했을 가능성은 전혀 없다. 김낙중이 전기창 씨의 이름을 거론하며 두목으로 지목한 것은 과거 한때 광주에서 활동하면서 제법 이름을 날렸던 '건달 선배'의 이름만 주워섬기고 있다가 탄원서에 올렸던 것이다.

나의 경우에는 왜 그의 탄원서에 이름이 올라가게 되었을까? 이것은 순전히 내가 추정하는 것인데, 스물두 살 이후 나 역시 완전히 건달 생활을 청산했지만 후배들 사이에서는 그래도 내 이름이 회자되고는 했기 때문이었을 것이다. 광주 시내에서 길을 가다 보면 인사를 걸어오는 젊은 친구들과 마주치는 경우가 종종 있었는데, 나는 그들이 건달 세계의 후배일 거라고 생각하고는 했다. 그러니까 아직 건달 생활을 청산하지 못한 후배들이 자신의 후배들에게 '여운환'이라는 선배에 대해서 알려주었을 것이고, 저들 나름대로는 나를 '선배'로 생각하고 있다가 나와 마주치면 깍듯이 인사를 하고는 했던 것이다.

나는 건달 세계를 떠난 뒤 사업가로 승승장구하면서 내가 그들에게 모범이자 멘토가 될 수도 있겠다는 생각을 나름대로 하고 있었다. 그래서 아직 건달로 살아가고 있는 것 같은 젊은이들이 인사를 해와도 크게 거부하거나 내치지 않았던 것이다. 김낙중 역시 그런 후배들 중의 한 명이었다. 그러니까 김낙중은 감형을 받기 위해 탄원서를 쓰면서 두목으로 내세워도 손색이 없을 만한 과거의 직계 건달 선배들 이름을 들먹이며 사실을 조작했던 것이다.

김낙중이 제출한 탄원서의 내용이 조작되었다는 것은 현재 전기창 씨의 소재와 과거의 행적만 알아보았다면 금세 알 수 있었다. 그런데 법원과 검찰은 이런 기본적인 조사조차 하지 않은 채 김낙중의 탄원서를 사실로 받아들여 처벌을 5년형에서 3년형으로 감해주었고, 또 그의 탄원서를 내가 국제-PJ파의 우두머리임을 입증하는 증거물로 채택했다. 이 모든 일이 내가 체포되기 전, 서울에서 숨어 지내던 동안에 벌어진 일이었다.

홍준표 검사가 증거물을 채택하면서 기본적인 조사도 하지 않을 만큼 무능했던 것일까? 아니면 나를 폭력조직의 우두머리로 옭아매려는 의도가 너무나 강했던 나머지 일부러 조사를 하지 않았던 것일까? 당시의 정황을 곰곰이 따져보면 탄원서를 제출한 것이 순수하게 김낙중 자신의 의도에서 비롯된 것이었을까 하는 미심쩍은 생각마저 든다.

어쨌든 김낙중의 탄원서는 홍준표 검사가 나를 국제-PJ파의 우두머리로 확신하게 만든 결정적 계기가 되었을 뿐 아니라, 이후 나를 국제-PJ파의 두목으로 지목하는 전현직 건달들의 거짓 증언이 양산되도록 한 좋은 구실이 되었다. 김낙중이 일단 나를 두목으로 지목하자, 이후 검찰에서 조사를 받은 김낙중의 부하들은 검찰의 입맛에 맞게 거짓 증언을 하기 시작했던 것이다. 이로 인해 홍준표 검사는 더욱 힘을 받게 된다.

광주로 압송된 후 나는 광주교도소에 구금된 상태에서 조사와 재판을 받았다. 1심 판결을 받은 것이 1992년 5월 18일이었으니, 경찰에 체포된 뒤 4개월 넘게 재판을 받은 것이다. 그동안 열 번이 넘게 교도소와 법정을 오갔다.

교도소에 수감된 영어의 몸이 된 채 내 자신의 운명을 남의 손에 맡겨야 하는 힘든 시간이 영원히 끝나지 않을 것처럼 길고 지루하게 이어졌다. 홍준표 검사를 비롯한 검찰 측과 우리 변호사들은 법정에서 불꽃 튀는 공방전을 이어갔다. 나를 돕는 변호사들은 하나같이 "이 재판은 성립 자체가 불가능한 재판"이라고 입을 모았다. 단순히 의뢰인인 나를 위로하려는 말만은 아니었다. 법을 공부하고 법을 대변하는 사람으로서 이렇게 불합리하고 말도 안 되는 재판은 처음이라는 뜻이었다. 검찰 측의 기소 이유는 빈약하기 그지없었다. 증거물이라고 내놓은 것이 하나도 없었고 심지어 정황 증거조차도 찾아볼 수 없었다. 단지 '누가 이런 식으로 진술했다'는, 검찰 측에서 조사한 몇몇 사람(김낙중의 후배)의 진술이 대부분이었다.

그런데 홍준표 검사는 한 술 더 떠서 내가 구금되어 있는 동안 나를 찾아온 사람들을 '조폭 비호 세력'으로 몰아갔다. 내가 문치용 검사장에게 보낸 편지에서 거론한 다섯 사람(유제인 검사, 송진규 검사, 남상수 검사, 최인주 수사관, 여준영 청와대 비서관)을 이미 조폭 비호 세력으로 낙인찍은 것도 모자라, 이후 교도소로 면회를 온 정치인들(내 친형의 친구들이었다)까지도 '비호 세력' 운운하며 언론에 흘렸다. 심지어 나로서는 얼굴도 한 번 본 적 없는 한화갑 전 국회의원이 나를 면회 와서는 "동지, 조금만 참으시오"라고 말했다는 근거 없는 소문까지 흘리고 다녔다(이 일로 홍준표 씨는 한화갑 전 의원으로부터 고소를 당했다).

홍준표 검사가 그런 식으로 없는 사실을 지어내면서까지 현직 검사와 경찰관, 정치인들을 내 비호 세력으로 꾸며서 언론에 흘린 이유는 무엇이었을까? 나중에 역공을 당할 수도 있는데도 불구하고 그렇게 무리수를 두었던 이유가 과연 무엇이었을까?

그것은 나에게 현직 공직자들과 정치인들이 싸고돌 정도의 '거물급 깡패' 이미지를 심으려는 목적이었을 것이다. 시시한 깡패 한 명 상대하는 것은 그의 시나리오 스케일에 맞지 않았다. 그리고 그런 시시한 사건으로는 언론의 중심에 설 수 없었다. 그래서 그는 나를 그토록 거창한 인물로 만든 것이다. 심지어 당시의 한 신문은 나를 둘러싼 비호 세력 운운하면서 '정관계와 뿌리 깊게 유착되어 있는 거물 조폭 두목'이라고 썼다. 그리고 나와 관련된 사건을 이처럼 사회적 이목이 집중되도록 만든 뒤에 가장 달콤한 열매를 수확한 당사자는 바로 홍준표 검사 자신이었다. 온갖 외압과 협박과 압력에도 굴하지 않고 거물급 깡패 두목을 처단한 정의의 검사, 홍준표!

'모래시계 검사'의 전설이 탄생하는 순간이었다.

법정에서 마주칠 때면 나는 홍준표 검사의 시선을 절대로 피하지 않았다. 그리고 때로는 '감히' 피고인의 신분이었음에도 불구하고, 또 그러한 행동이 법정의 질서를 어지럽히는 소란 행위라는 것을 잘 알면서도 대놓고 홍준표 검사를 비난하기도 했다. 내가 그렇게 행동할 수 있었던 것은 대한민국의 법정이 진실을 밝혀주리라는 굳은 믿음이 있었기 때문이다.

상무대에서 방위 생활을 하며 유제인 검사와 개인적인 인연을 맺은 뒤로 여러 명의 법관을 만났다. 나는 그들 대부분을 형님으로 모시며 존경하고 따랐는데, 내가 그랬던 것은 그들이 법관이어서가 아니라 그만큼 인품이 훌륭했기 때문이었다. 끼리끼리 어울린다고 했던가, '검사 형님'들과 자리를 함께하다가 우연히 그들이 평소 잘 알고 지내는 검사, 판사, 변호사들과 어울릴 때도 더러 있었는데, 그렇게 만난 분들 역시 거의 대부분이 매우 훌륭한 사람들이었다. 그래서 어린 나는 법관이란 모두들 훌륭한 인격과 고매한 성품을 지닌 사람들이라고 믿고 있었다. 나의 눈에 그들이 그렇게 훌륭한 사람으로 비쳤던 것은 어쩌면 내가 중학생 이후부터 스물두 살까지 건달 친구들과 어울렸던 탓도 있을 것이다.

홍준표 검사와 법정에서 대결을 벌이던 그 무렵에는 법관에 대한 신뢰가 많이 흐려져 있었지만, 그래도 나는 그들이 진실을 수호하고 사실을 있는 그대로 직시하여 판단하리라는 믿음은 갖고 있었다. 그래서 나는 홍준표라는 '돌연변이 검사'가 사실을 왜곡하고 없는 일을 꾸며내는 것에 대해 법정이 곧 준엄한 판결을 내려줄 것이라고 믿었다. 하지만 결과적으로 나의 이러한 믿음은 4개월이 지난 뒤에 여지없이 박살나고 말았다.

재판 과정에서 증인으로 출석하여 검찰 측의 억측과 억지에 흔들림 없이 사실을 있는 그대로 진술해준 사람들에게 이 지면을 빌려 다시 한 번 감사드리고 싶다. '야쿠자 비디오테이프'가 언론을 통해 보도되었을 때 기자회견을 자청했던 가수 남진 씨는 법정에도 출석하여 홍준표 검사의 억측과 억지를 호되게 꾸짖었다.

또 한 사람 기억나는 사람이 있다. 그는 우리 변호사들이 나의 무죄를 입증하기 위해 요청한 증인이 아니라, 검찰 측에서 나의 유죄를 입증하기 위해 부른 증인이었다.

광주경찰청 강력팀의 김영암 반장.

나와는 밥 한 끼 같이 먹은 적 없는 관계였지만, 내가 알고 지낸 최인주 수사관으로부터 들은 바에 의하면 범인 검거 실적이 굉장히 뛰어나서 표창장도 여러 번 받았을 뿐만 아니라 강직하고 청렴한 모범 공직자라고 했다. 그런데 김영암 반장은 법정에서 검찰 측의 의도와는 달리 "여운환은 현역 깡패가 아니다"라고 증언하여 홍준표 검사를 당황하게 만들었다. 범죄 현장의 최일선에 있는 현직 강력계 형사가 나를 두둔하자, 나는 큰 용기를 얻었을 뿐만 아니라 재판에서의 승리를 확신했다. 솔직히 나는 판사가 마지막 판결문을 읽는 그 순간까지도 내가 유죄를 받으리라는 생각은 단 한 번도 하지 않았다. 누가 보아도 부당하기 짝이 없는 재판이었기에 상식이 통하는 세상이라면 어느 누구라도 나의 손을 들어주리라 생각했던 것이다. 김영암 반장의 그 증언은 억울한 옥살이를 하고 있던 나에게 청량제와도 같은 역할을 했다.

하지만 법정에서 그렇게 증언한 뒤 불과 며칠도 되지 않아 김영암 반장은 보직이 해제된 채 타 지역의 경찰서로 좌천되는 수모를 당해야 했다. 검사가 경찰관의 저승사자로 행세하던 시절, 어쩌면 김영암 반장은 법정에서 나를 두둔하는 증언을 하기까지 숱한 고민을 했을 것이다. 하지만 자신의 성격상 소신에 어긋나는 증언은 할 수 없었던 김영암 반장은 결국 험난한 길을 걸어야 했다. 다행스러운 사실은 훗날 김영암 반장이 복권되어 명예를 회복했다는 것이다. 그는 훌륭한 경찰관의 모범으로서 자신의 소임을 다하다가 경정 계급으로 퇴직을 했으며, 광주 지역의 경찰관 세계에서는 입지전적인 인물로 남아 있다.

　1심 판결 일자가 다가오고 있었다. 그런데 우리 변호사들 중의 한 사람이었던 박도영 변호사가 '일을 보다 확실하게 매듭짓기 위해' 위헌 신청을 하자고 제안했다. 그 내용은 이랬다.

　현재 우리나라의 재판은 공판중심주의를 채택하고 있다. 그래서 검찰이 사건을 조사하면서 획득한 진술이나 기록을 법정에서 공개하고 공정하게 심의하여 증거로서 채택할지 여부를 판사가 판단하게 된다. 하지만 내가 재판을 받던 당시에는 고문에 의한 진술이 아닌 한 검찰이 조사를 진행하면서 얻어낸 진술을 판사가 증거로 채택하여 유무죄를 가리는 판단 자료로 적극 활용했다. 경찰에서 제출한 진술은 증거로 채택하지 않을 수 있었지만, 검찰에서 조사를 하면서 얻은 진술은 증거로 채택했다. 이것이 법률로 거의 보장되어 있었다. 홍준표 검사가 김낙중의 탄원서와 현직 건달들의 진술을 확보하려 애썼던 것에는 이런 배경이 있었다.

내게 위헌 신청을 하자고 제안한 박도영 변호사는 "확실하게 무죄를 받기 위해서는 재판을 연기하더라도 보다 완벽하게 대비해야 한다"면서 "검찰이 국제-PJ파의 조직원으로부터 받아낸 진술은 공판기일 전에 피고인 측 참여 없이 이루어져 검찰 측에만 유리한 증언이기 때문에 위헌 신청을 할 경우 위헌이 받아들여질 가능성이 높다"고 설명했다. 그럴 경우 홍준표 검사가 제출한 진술 조서는 증거로 채택되지 않을 수도 있기 때문에 검찰이 나의 유죄를 입증하기 위해 제출한 진술 조서들은 무용지물이 될 수 있다는 것이었다. 단, 위헌 신청을 하면 재판이 정지되고 이후로 위헌 판결이 날 때까지 몇 개월이 걸릴 수 있다고 했다.

하지만 100일 가까이 숨어 지낸 데다가 교도소에서 수형 생활을 한 지도 석 달이 넘어서고 있었던 나는 더 이상은 견딜 수가 없었다. 그래서 위헌 신청을 해서 위헌 판결을 받아내기까지 몇 개월이 더 걸릴 수도 있다는 박도영 변호사의 말에 그만 버럭 화를 내고 말았다. 단 하루라도 빨리, 아니 한 시간이라도 더 빨리 벗어나고 싶다는 생각뿐이었다. 게다가 나는 승소를 자신하고 있었다. 다른 무엇보다도 나 자신이 결백한데…… 그리고 검찰의 주장은 누가 보더라도 억지임이 분명한데 어떻게 유죄 판결을 받을 수 있느냐는 말이다. 하지만 위헌 신청을 하지 않은 나의 이 선택은 두고두고 후회거리로 남았다. 그때 박도영 변호사의 말을 들었더라면, 몇 개월 더 참고 인내하면서 확실하게 매듭지었더라면 이후의 내 삶은 크게 달라졌을 것이다(훗날 정치인 박철언 씨가 검찰의 진술을 재판의 증거로 채택하는 문제에 대해 위헌 신청을 했고 헌법재판소로부터 위헌 판결을 받아냈다. 이 위헌 판결이 났을 때 나는 재심 신청을 할 수도 있었지만 바쁘게 살아가느라 때를 놓치기도 했고 또 다시 떠올리기도 싫은 법정 다툼에 휘말리고 싶지 않다는 생각에 그만두고 말았다).

1심 판결 일자가 코앞으로 다가와 있었다. 여러 가지 면에서 조짐이 좋았다. 당시 내 사건은 처음에 구상현 판사(국제-PJ파 우두머리로 기소된 김낙중에게 5년형을 내렸던)가 맡았지만, 구상현 판사가 민사로 발령이 나는 바람에 이동진 판사가 그 뒤를 이었다.

이동진 판사는 나와 가깝게 지낸 송진규 부장검사의 고등학교 후배였다. 우리나라에서 사법고시 합격생을 배출할 만한 수준의 대학교 숫자가 그리 많지 않았기 때문에 대부분의 판사와 검사, 변호사는 학연이나 지연으로 서로 연결되어 있었다. 홍준표 검사가 나의 '비호 세력'이라고 지목했던 당시 광주지검의 남상수 부장검사는 홍준표 검사의 고려대학교 법학과 선배이기도 했다. 법조계에서는 이런 연결 고리들이 서로 얽히고설키면서 협력 관계를 만들어내기도 하고 또 때로는 상대를 매몰차게 외면하면서 배신의 골을 만들어내기도 한다. 이러한 법조계의 특수한 상황 속에서 당시 내 사건의 판사였던 이동진 판사와 '비호 세력' 중의 한 사람인 송진규 부장검사가 조우할 기회가 있었던 모양이다. 그 자리에서 송진규 부장검사는 여운환이라는 사람에 대해 자신이 알고 있는 대로 전해준 것 같았다. 내가 그 사실을 어떻게 알았는가 하면 이동진 판사가 지나가는 듯한 말투로 우리 변호사에게 한 말을 전해 들었기 때문이었다.

"선배인 송진규 부장검사의 말을 들어보면 여운환은 깡패 두목이 아니라더군요."

변호사로부터 그 말을 전해 듣고 승소에 대한 확신은 더욱 강해졌다. 그 말을 들은 날, 나는 기분이 들뜬 나머지 교도소의 짐을 정리하기까지 했다.

그런데 며칠 뒤 판결이 연기되었다는 소식이 들려왔다. 변호사들과 지인들은 판결이 연기된 사실도 좋은 의미로 받아들였다. 선고를 연기한다는 것은 그만큼 판사들이 고심하고 있다는 뜻이기 때문에 판사가 검찰 측 주장만 받아들여 섣불리 판결을 내리는 것보다는 피고인 입장에서는 좋은 징조로 생각해도 좋다는 것이었다.

그리고 드디어 1992년 5월 18일, 나는 1심 판결문을 읽는 판사 앞에 섰다.

판사는 먼저 검찰이 제기한 기소 내용과 피고인들이 거기에 반박하는 상황에 대하여 낭독했다. 같이 기소된 다른 사람의 이름 일부와 상황은 배제해서 여기에 기록하도록 하겠다.

피고인 여운환, 현기용에 대한 이 사건 공소 사실 중, 위 피고인들은 폭력조직인 구 서방파 출신으로서 피고인 여운환은 목포 백제호텔과 그 호텔 슬롯머신장 및 광주 소재 국제호텔 슬롯머신장, 고려산업, 경승주택개발 등을 경영하여오면서 부동산 투기 등으로 모은 풍부한 자금력을 바탕으로 사업 운영에 필요한 폭력배들을 키워오던 중 1976년경 김태촌(서방파 두목)의 상경과 1980년경 삼청교육대 사건으로 와해된 서방파를 재건하기로 결의하고 1982년경부터 광주 동구 충장로 1가 국제당구장과 그 건물 지하에 있는 피제이 음악 감상실 등지에서 후배 폭력배 50여 명과 어울려 다니면서 이들을 규합, 새로운 폭력조직을 결성하기로 마음먹고, 1986년 말경 본격적으로 조직을 정비하여 폭력조직인 국제피제이파를 결성함에 있어 여운환은 위 조직의 두목급 수괴가 되고 (…) 조직의 행동지침으로 "선배 말을 하늘같이 알고 조직을 배신하면 가혹한 보복을 받을 것이며 타 조직폭력배에게는 절대로 지지 말라"고 정하고, 조직원들끼리 축구경기, 단합대회, 하계 합숙훈련 등을 통하여 조직원들 간의 결속력을 다지는 한편, 관할 구역으로는 광주 동구 충장로 1·2가와 무등극장 주변의 유흥가 일대로 정한 다음, 조직원들로 하여금 매일 조를 편성하여 관할 구역을 순찰하게 하면서 타 조직의 침투를 막고 관할 구역 내의 유흥업소 업주들로부터 보호비 명목으로 월정금을 거두어들이고, 피고인 여운환이 조직을 대표하여 1988년 11월 14일경 일본 야쿠자 조직과 연계를 맺기 위하여 일본 오사카로 가서 그곳 야쿠자 조직인 가네야마 조의 두목인 가네야마 고자부로와 부산의 폭력조직인 칠성파 두목 간의 한일 폭력조직 사카스키 의식에 전라도 대표로 참석하여 위 국제피제이파 조직의 국제적 연계 및 세력 확대를 꾀하고, 1990년 말경에 이르러 그 조직원 수가 130여 명에 달하여 광주·전남 지역 최대의 폭력조직으로 성장하면서 1986년경부터 1990년경까지 사이에 대응 폭력조직인 쿨박스파, 무등산파 등과 관할 구역 침범 문제로 수차례에 걸쳐 조직원들로 하여금 칼, 낫, 도끼 등을 소지하고 광주 일원에서 집단을 이루어 상호 유혈극을 벌이게 하는 등 폭력을 목적으로 하는 범죄단체인 국제피제이파를 구성하였다는 부분에 관하여 살피건대, 위 피고인은 수사 기관에서부터 이 법정에 이르기까지 일관하여 국제피제이파 구성원들 중 일부를 아주 우연히 또는 자신들의 사업상 알고는 있으나, 위 단체와는 아무런 관련이 없고 더욱이 그들이 위 단체의 두목급 수괴로서 이를 구성한 사실은 전혀 없다고 진술하면서 위 공소사실을 극구 부인하고 있으므로, 검사가 위 공소사실에 대하여 들고 있는 증거들의 신빙성 및 그 증거 능력 유무 등에 관하여 차례로 살펴보기로 한다.

위 판결문의 내용을 정리하면, 검찰이 나를 국제-PJ파라는 폭력조직을 결성하고 두목으로 활동하면서 각종 폭력 행위를 지휘해왔으며, 세력 확장을 위해 일본으로 건너가 야쿠자 조직과도 연계했다고 주장하는 반면, 피고인인 나는 국제−PJ파와 무관하고, 그들 조직원 중 일부를 우연한 기회에 사업상 알게 되었을 뿐이라고 반박하고 있다는 것이다. 그래서 판사는 검찰이 제기한 증거들의 신빙성을 차례로 살펴보겠다고 말하고 있다.

판사는 검찰이 제시한 김낙중의 탄원서를 먼저 거론했다.

먼저, 김낙중이 작성한 탄원서 등본, 광주고등법원 91노 649사건의 제4회 공판 조서 등본, 검사가 작성한 김낙중에 대한 진술조서의 각 기재 내용에 의하면, 김낙중은 1991년 6월 10일 당원(광주지방법원)에서 국제 피제이파의 수괴로서 징역 5년의 유죄 판결을 선고받고, 광주고등법원에 항소를 제기하여 위 사건이 항소심에 계속 중이던 1991년 9월 28일, 탄원서의 형식으로 자신이 성장하여온 과정과 폭력 세계에 발을 들여놓게 된 동기, 폭력조직의 두목이 되기 위한 조건 등에 관하여 진술하면서 자신은 위 단체의 두목이 아니고 전기창과 위 피고인들이 위 단체의 실질적 두목으로 확신한다고 하였다가, (…) 전기창과 위 피고인들은 당시까지도 위 단체의 모든 권한을 가지고 있는 선배이고 어느 조직이든 그 두목이 되기 위하여는 최소한의 능력과 힘과 재력을 갖추어야 하며, 그가 이러한 내용의 탄원서를 제출하게 된 동기는 위 피고인 등이 위 단체의 두목임에도 불구하고 폭력 세계에서 손을 씻고 살아가고 있는 자신이 위 단체의 두목이라는 오명을 쓰고 5년이라는 장기간의 옥살이를 하기에는 너무나 답답하였기 때문이라고 진술한 다음, 같은 해 10월 4일 광주고등법원 제7호 법정에서 위 전기창이 국제피제이파의 제일 선배이고 두 번째가 여운환 순으로 위 단체의 선배가 되며 위 여운환은 건설업과 파친코를 경영하는 등 풍부한 재력으로 위 단체를 이끌어 나가고 있고 자신은 위 단체에서 중간 간부의 위치에 있었다는 취지의 진술을 하였으며, 같은 달 7일 검찰에서는 위 단체가 결성된 시기와 그에 대하여 국제피제이파라는 명칭이 붙게 된 이유 등을 진술하면서 자신은 1982년경 위 단체에 가입하였는데 그때 이미 위 피고인들(전기창 씨와 나 등을 가리킨다)이 그 조직에서 활동하고 있었으며, 그들이 자금력을 바탕으로 조직의 구성원들을 키워왔다고 진술한 바 있으나, '위 피고인들이 구체적으로 폭력을 지시한 일은 있는가?'라는 검사의 물음에 대하여는 무서워서 더 이상은 말할 수 없다고 진술하고 있다.

여기까지는 독자들도 이미 알고 있는 내용이다. 이어서 판사는 검찰에서 증거로 내세운 내용들을 하나하나 반박했다. 그중 김낙중의 진술에 대해서 반박하는 내용을 여기에 옮기겠다.

그러나 김낙중의 이와 같은 내용의 진술은, 첫째 증인 전기창이 이 법정에서 한 진술에서 나타나는 바와 같이 과거 폭력 세계에 몸담고 있다가 1969년 4월경 폭력 사건으로 당원에서 집행유예를 선고받고 광주를 떠나 1985년 5월경까지 외항선원으로 종사한 뒤 귀국하여 잠시 부산에서 거주하다가 1989년경 서울로 이주하여 식당을 경영하여 오는 등으로 후배들과는 인연을 끊어버리고 폭력 세계에서 완전히 은퇴하였던 것으로 보이는 전기창을 위 단체의 실질적 두목이라고 지목하고 있는 점과, 김낙중이 위 단체에 가입하였다고 주장하는 1982년경에는 전기창이 외항선원으로 종사하고 있던 기간 중일 뿐 아니라, 전기창이 광주 지역을 떠날 당시인 1969년경에는 김낙중의 나이가 11세에 불과하여 그가 직접 전기창을 대면할 수 있었을 가능성이 전무하여 그가 광주 지역 폭력 세계의 선배인 전기창을 그의 이름만 들어서 알 뿐인 것으로 보이는 점 등에 비추어 보면, 전기창과 위 피고인들이 위 단체의 실질적 두목이라는 김낙중의 진술은 단순히 그들이 폭력 세계에서 자신의 선배가 된다는 취지로서 타인을 위 단체의 두목이라고 지목함으로써 항소심에서의 감형을 목적으로 한 것이 아닌가 하는 의구심을 떨쳐버릴 수 없게 하고, 둘째 조직으로부터 가혹한 보복을 무릅쓰고 수사 기관에 위 피고인 등이 위 단체의 실질적 두목이라고 폭로하는 마당에 그들이 구체적으로 어떠한 내용의 폭력 행위를 지시하였는가 하는 검사의 물음에 대하여는 무서워서 말할 수 없다고 진술함으로써 그에 대한 답변을 하지 못하고 있는 듯한 느낌을 갖게 하는 점도 위와 같은 의심을 품게 하며, 셋째 김낙중은 1991년 11월 26일 당원에서의 증거 보전 절차 및 증인 신문 과정에서 위 탄원서의 기재와 광주고등법원에서의 진술 및 검찰에서의 진술은 사실과 다른 것으로서 그가 위 피고인 등을 위 단체의 두목으로 지목한 것은 1심 재판 과정에서 검사로부터 위 피고인들이 국제피제이

파의 두목이 아니냐는 취지의 집요한 추궁을 받아오다가 1심에서 징역
5년을 선고받고 항소심에서도 동일한 내용의 추궁을 받게 되자 사실상
은 두목이 아닌 그들에게 별다른 피해가 없을 것으로 생각하고 감형을
목적으로 이러한 내용의 진술을 하였다고 증언함으로써 위 내용을 번
복하고 있던 바 (…)

위의 판결문에는 김낙중이 왜 그런 터무니없는 탄원서를 제출했는지,
그리고 법정에서 왜 나를 국제-PJ파의 실질적인 두목이라고 지목했는
지에 대한 배경이 드러난다. 김낙중은 국제-PJ파의 수괴로 기소되어 재
판을 받던 중 검사로부터 '국제-PJ파의 실질적인 두목은 여운환 등이
아니냐'는 추궁을 계속 받아왔던 것이다. 이 상황은 참으로 아이러니하
다. 김낙중을 폭력조직 수괴로 기소한 광주지검이 오히려 '사실은 당신
이 두목이 아니지 않느냐'며 싸고도는 형국이니 말이다.

김낙중은 항소심에서도 계속 같은 내용의 추궁을 당했다. 그러니 그
로서는 이런 생각을 할 수도 있지 않았을까?

'그래, 그냥 검찰이 추궁하는 대로 맞장구를 쳐주자.'

김낙중의 거짓 탄원서와 위증은 이런 배경 속에서 탄생했다. 결국 광
주지검이 김낙중의 거짓 탄원서와 위증을 조장했던 것이다.

다음은 국제-PJ파의 행동대장급 간부로 활동했다는 박찬구로부터
얻어낸 진술을 검찰이 증거로 제출한 부분에 대한 판사의 판결문을 보
겠다.

다음, 박찬구가 당원의 공판기일 전 증인 신문 절차 및 검찰에서 한 진술 내용에 관하여 본다.

박찬구는 1991년 10월 11일 검찰에서 자신은 1978년 2월 초경 국제피제이파에 가입하여 행동대장급 간부로 있었고 그 당시 위 단체는 서방파 계열이었는데 1982년경 위 피고인들(전기창 씨와 나 등을 가리킨다)과 김낙중 등을 최고 선배로 하여 사실상 국제피제이파가 만들어졌고, 1984년경 폭력조직으로서의 면모를 갖추게 되었으며, 위 피고인들이 두목, 김낙중이 부두목이었고, 위 단체는 김낙중이 조직한 것으로서 재력이 있는 위 피고인들을 두목으로 추대하였다고 진술하였다가, 다시 1991년 11월 2일 당원의 증거 보전 절차에서는 그 당시 위 단체의 두목은 김낙중, 부두목은 조ㅇㅇ이었고, 위 피고인들은 위 단체에 가입한 사실이 없다고 진술하면서 자신이 피고인들을 위 단체의 두목이라고 진술한 것은 검사의 마음에 들게만 진술하면 죄를 면제하여 주겠다는 검사의 약속에 따른 것이었다고 진술하고 있는 바 (…)

이어지는 판결문에는 "박찬구는 자신이 1990년 5월경에 국제-PJ파를 탈퇴했음에도 불구하고 국제-PJ파와 관련된 폭력 사건이 발생할 때마다 지속적으로 피곤한 일을 당하던 중에 담당 검사^{홍준표 검사}와 연결이 되어 나를 국제-PJ파의 두목이라고 진술함으로써 면죄부를 받으려 했다"는 대목이 나오고 있다. 또 박찬구는 김낙중이 이미 나를 두목으로 지목하는 탄원서를 쓴 마당에 자신의 거짓 진술이 보태어진다고 해서 상황이 더 나빠지지는 않을 것이라고 생각하고 그와 같은 진술을 하게 되었다고 밝히고 있다.

그런데 여기서 커다란 의문이 생긴다. 거짓 탄원서를 제출했던 김낙중이 자신의 위증을 실토한 때가 1991년 11월 26일이고, 박찬구가 자신의 진술이 거짓임을 밝힌 것이 1991년 11월 2일이었다. 둘 다 내가 수배령을 피해 서울에서 은신하고 있을 때였다. 검찰이 제출한 진술 자료가 거짓으로 만천하에 드러났는데도 왜 홍준표 검사는 자신의 주장을 철회하지 않았을까? 왜 법원과 검찰은 수배령과 사전구속영장, 1계급 특진이라는 그물을 걷지 않았을까? 나를 기소한 증거들이 사실은 조작되었다는 것을 알고도 그들은 왜 나를 계속해서 폭력 조직의 수괴로 내몰았을까? 또한 박찬구는 자신이 국제-PJ파에서 행동대장급 간부로 활동해왔다고 시인했다. 그럼에도 불구하고 홍준표 검사는 이러한 박찬구를 입건조차 하지 않았다. 남은 평생을 두고도 이 의문은 지워지지 않을 것이다.

홍준표 검사가 작성한 공소장 내용은 그야말로 허점투성이였고 급조된 짜 맞추기 식이었다. 공소장에서 그는 김태촌이 두목으로 활동 중인 서방파를 재건하기 위하여 내가 국제-PJ파를 만든 것처럼 묘사했는데 참으로 어처구니없는 말이다. 처음 결성될 때부터 지금까지 서방파가 엄연히 김태촌을 중심으로 활동해오고 있다는 것은 수사 기관은 물론이고 폭력 세계 누구라도 알고 있는 일이었다. 그런데 내가 서방파를 재건하기 위해 폭력 단체를 결성한단 말인가?

나는 이 의문점들에 대하여 법적 자문을 얻어 이 같은 상황이 과연 정당한 것인지 밝혀볼 것이다.

이어지는 판결문에서 또 판사는 소위 '야쿠자 비디오테이프'에 대해서 다루었다.

다음, 당원이 비디오테이프 검증 결과에 의하면, 그 경위야 어떠하든 간에 피고인 여운환이 1988년 11월 4일 일본의 오사카에서 거행된 일본 야쿠자 조직인 가네야마 조의 두목 가네야마 고사부로와 부산의 폭력 조직인 칠성파 두목 이강환 사이에 의형제 결연을 맺는 사카스키 의식에 참석한 사실과 그가 앉은 자리 뒤쪽에 다른 참석자들과 동일하게 한자로 기재된 전라도 이사 여운환이라는 명패가 곁에 있었던 사실은 인정되는 바이나, 한국 측 참석자들 가운데 최ㅇ식 등의 경우에는 각기 그 이름 앞에 수원회라는, 김ㅇ길 등의 경우에는 그 이름 앞에 화랑신우회라는, 이강환 등의 경우에는 각기 그 이름 앞에 칠성파라는 소속 단체가 명확히 기재됨과 아울러 그 소속 단체에서의 직위까지 기재되어 있음에 반하여 유독 피고인 여운환과 김ㅇ국 등의 경우에는 그 소속 단체 대신 전라도라는 지역 명칭이 기재되어 있는 점에 비추어 보면, 비록 위

의식에 참석한 한국 측의 참석자들 대부분이 조직폭력배들로서 유죄의 확정 판결을 받았거나 조직폭력배라는 혐의를 받고 있는 사람이라 하여도 위와 같은 사실은 피고인 여운환이 조직폭력배와 어떠한 관련이 있음에 대한 증거가 될지는 몰라도 그가 국제피제이파의 두목임을 증명하는 직접적인 증거가 될 수는 없다 할 것이다.

판사는 검찰이 제출한 '야쿠자 비디오테이프'에 대해서도 내가 국제-PJ파의 두목임을 입증하는 증거로서 효력을 가질 수 없다는 점을 분명히 하고 있었다.

뿐만이 아니었다. 이 외에 국제-PJ파의 행동대원들이 진술한 부분에 대해서도 판사는 정황상의 판단 근거와 그들이 진술을 번복한 점 등을 들어 모두 증거로서의 효력이 없다고 판단했고, 경찰의 폭력조직 계보도에 내 이름이 올라가 있는 것에 대해서는 당시 광주경찰서 강력팀장 김영암 반장의 "조직의 선후배를 모두 기재하라는 상부의 지시에 따라 그 선후배 관계를 나타내기 위하여 나이순으로 나열한 것일 뿐 그들이 국제-PJ파의 두목임을 나타내는 것은 아니다"라는 증언을 채택하여 폭력조직 계보도에 내 이름이 올라가 있는 것 역시 증거로서의 효력이 없음을 분명히 했다.

모든 증거가 '효력 없음'으로 처리되었다. 나의 유죄를 인정할 만한 아무런 증거가 없다는 것이다. 당연한 일이었다.

재판이 시작되던 처음부터 나는 혐의를 벗을 수 있을 것이라고 확신해왔다. 그러나 막상 법정에서 판사의 판결문을 직접 들으니 다리가 후들거렸다. 두려움에 떨며 숨어 지내고, 억울하게 옥살이를 했던 지난 시간이 순간적으로 머릿속에 되살아나 분노가 치밀기도 했다. 하지만 이제 이 모든 굴레로부터 벗어나서 집으로 돌아가 가족과 함께 지낼 수 있다는 기쁨이 더욱 컸다.

판사의 판결이 계속 이어졌다.

그 외에 검사 및 사법검찰관사무취급이 작성한 ○○○에 대한 각 피의 자신문조서 등본은 위 피고인들이 이를 증거로 함에 동의하지 아니하여 그 증거 능력이 없으므로 위 피고인들에 대한 위 공소 사실을 인정하기 위한 증거로 쓸 수 없다 할 것이고, 그밖에 검사가 묻고 있는 나머지 증거들을 모두 종합하여 보아도 위 피고인들이 국제피제이파의 두목임을 인정하기에 미흡하고, 달리 이를 인정할 만한 아무런 증거가 없으므로 결국 이 부분 공소 사실은 범죄 사실의 증명이 없는 때에 해당하여 형사소송법 제325조 후단에 따라 무죄를 선고…….

판사는 범죄 사실을 증명할 아무런 증거가 없으므로 법에 따라 무죄를 선고하겠다고 말하고 있었다.

내가 들은 판결문이 여기까지였다면 얼마나 좋았을까. 하지만 그게 끝이 아니었다.

……하여야 할 것이나, 한편 유죄 부분의 증거의 요지난에 설시한 각 증거들을 종합하여 보면, 위 피고인들이 1986년 말경 위 국제피제이파의 자금책 및 두목의 고문급 간부로서 위 단체를 구성한 사실은 이를 인정할 수 있고 이는 위 공소 사실과 동일성이 인정되어 당원이 공소장의 변경 없이 심판할 수 있는 범위 내의 것으로 인정되므로, 위 피고인들이 위 국제피제이파를 구성한 점에 대하여 유죄로 인정, 처단하는 이 사건에 있어서 이 부분 공소 사실에 대하여 주문에서 별도로 무죄의 선고를 하지 아니한다.

위와 같은 이유로 본문과 같이 판결한다.

반전도 이런 반전이 없다. 검찰이 제시한 증거의 효력이 없으므로 무죄를 선고해야 하지만 범죄의 '동일성'을 인정하여 유죄를 선고한다는 것이었다. 게다가 죄목도 검찰이 기소한 수괴 혐의가 아니라 '자금책 및 두목의 고문급 간부'라는 혐의로 단 몇 문장 사이에 바뀌어 있었다. 참으로 이상한 죄목의 어처구니없는 판결이었다. 이로써 나는 대한민국 조직폭력계의 역사상 단 한 번도 거론된 적 없는 전무후무한 '명함'을 얻게 된 셈이었다.

원래 판사는 검사가 묻는 죄에 대해서만 판결을 내릴 수 있다. 이것이 불고불리의 원칙이다. 하지만 반드시 검사가 명시한 죄목이 아니라 하더라도 그와 유사한 범죄 행위를 했다는 판단이 설 때는 '동일성'을 적용하여 판사가 임의로 유죄 판결을 내릴 수가 있다. 이것은 분명 법으로 보장하고 있는 부분이다.

하지만 판사가 이러한 판결을 내리기 위해서는 내가 '자금책'으로서 국제-PJ파에 언제 어떤 부분에 얼마의 재정적인 지원을 했다거나 '고문급 간부'로서 활동한 전력을 증명하는 증거를 바탕으로 해야 한다. 그렇다면 그런 증거가 있었는가? 하나도 없었다. 나를 국제-PJ파의 두목으로 몰아가기 위한 거짓 진술들 중에서 내가 그들의 축구 경기에 50만 원을 찬조한 적이 있었다는 등의 또 다른 거짓 진술을 들어 판사는 임의로 나와 국제-PJ파의 관계를 엮었고 '자금책 및 두목의 고문급 간부'라는 정체불명의 자리에 나를 임명하고는 5년형이라는 형벌을 내린 것이었다.

이런 판결이 내려지리라고는 꿈에도 생각하지 못했다. 망연자실하기는 우리 변호사들도 마찬가지였다. 어떻게 현대 국가의 법정에서 이런 판결이 내려질 수 있단 말인가!

검찰과 법원 사이에 무슨 일이 있었는지 나는 모른다. 이동진 판사가 어떤 일을 겪었기에 그런 기형적인 판결을 내렸는지도 나는 모른다. 다만 명백한 사실은 나의 유죄를 입증할 만한 아무런 증거가 없음에도 불구하고 내가 '5년짜리 범죄자'가 되고 말았다는 것이었다.

그리고 그 이후부터 지금까지도 국제-PJ파의 두목으로 법의 심판을 받은 사람은 아무도 없다. 처음 국제-PJ파 두목으로 기소되었던 김낙중의 감형 조치는 그대로 유지되었다. 나의 재판 과정에서 그가 탄원서의 내용을 조작했다는 사실이 만천하에 드러났음에도 아무런 제재를 받지 않은 것이다. 이유가 뭘까?

검찰이 김낙중의 탄원서를 부정할 경우, 나를 국제-PJ파의 수괴로 지목하고 입건한 사실 자체가 성립되지 않기 때문이다. 결국 검찰은 나에게 형을 내리면서 김낙중의 조작된 탄원서에 대해서는 눈감아주었다. 홍준표라는 인물이 만들어낸 허구의 사건으로 인해 검찰 조직의 원칙 자체가 붕괴되고 만 것이다.

다시 말하지만 지금까지도 국제-PJ파의 두목으로 법의 심판을 받은 사람은 없다. '호남 최대의 폭력조직'이라고 언론이 대서특필하고 정관계의 숱한 비호 세력이 등장하면서 사회적으로 떠들썩했던 큰 사건이었건만, 실체는 아무것도 없었다.

'자금책 및 두목의 고문급 간부'라는 죄목으로 나는 5년형을 받았지만, 내가 폭력조직에 자금을 지원했다는 증거는 판결문의 어디에도 나타나지 않는다. 그리고 나를 '두목의 고문급 간부'라고 판결하면서 '두목'이 누군지조차 밝히지 못했다.

처음 검찰에서 국제-PJ파의 두목으로 기소해 1심에서 5년형을 선고받았던 김낙중은 조작된 탄원서 한 장과 거짓된 검찰 진술로 부두목으로 '강등'되어 감형되었다. 그런 뒤 홍준표 검사가 또 다시 두목으로 기소했던 나와 현기용은 두목의 고문급 간부로 둔갑해 억지스러운 판결을 받았다. 검찰이 두 번씩이나 엉터리 기소를 했다는 것인데, 과연 이 잘못에 대해서는 누가 책임을 져야 하는가? 이렇게 엉터리 기소를 하고도 당시의 검사들은 의기양양하게 영전을 했다.

감옥에서 지내는 동안 나는 나 자신에게 묻고는 했다.

'내가 무엇을 잘못했는가?'

물론 잘못한 것이 참 많았다. 누구나 살아가면서 크고 작은 실수나 잘못을 저지르기도 하고, 본의 아니게 타인에게 피해를 입히기도 하지 않는가. 하늘을 우러러 한 점 부끄럼 없는 이가 누가 있겠는가. 하지만 양심에 거리끼는 일을 했다고 해서 감옥에 가는 것은 아니다. 결혼을 한 뒤로 나는 감옥에 갈 만한 잘못을 저지른 적이 없었다. 더군다나 한 검사의 공명심을 채우기 위한 제물이 될 만큼, 그렇게 하찮은 존재로 전락할 만큼 잘못을 저지른 적이 없었다.

당시 홍준표 검사는 근거도 없는 일들을 언론에 흘리며 사건을 점점 부풀렸다. 풍선처럼 커진 사안에 대해서는 검찰도 법원도 어떤 식으로든 결론을 내려야 했을 것이다. 그래서 내려진 결론이 나에게 '자금책 및 두목의 고문급 간부'라는 죄목을 씌우고 선고를 하는 것이었을 것이다. 이제야 깨닫게 된 것이지만, 내 선고 기일이 연기된 데에는 법원과 검찰 안팎의 여러 가지 조건과 환경에 맞물린 판사의 고충이 있었기 때문이 아닐까 생각한다.

항소를 준비하던 중 홍준표 검사가 교도소로 면회를 왔다. 그는 면회소로 찾아온 것이 아니라 교도소장실에 따로 자리를 마련하여 그곳으로 나를 불렀다. 그는 교도소의 작업과장을 마치 웨이터 부르듯 손바닥을 쳐서 불러서는 커피 심부름을 시키는 등 여전히 거만하게 행동했다. 또 내게 담배를 권하는 등 꽤 친절한 태도를 취하다가도 갑자기 내 손에서 담배를 빼앗아 꺼버리고는 그만 피우라고 역정을 내는 등 비정상적인 행동을 보였다. 그는 조금도 달라진 것이 없었다.

그때 그가 내게 했던 말을 또렷이 기억한다.

"조직폭력배로 활동했다고 인정하면 형도 감해주고 고등법원에서 집행유예로 나가게 해주겠소."

그것은 무척이나 달콤한 거짓이었다. 너무나 지쳐 있었던 나는 순간적으로 그의 말대로 하고 싶다는 유혹을 느꼈다. 하지만 그럴 수가 없었다.

"여기까지 오면서 많은 사람들이 나를 변호했는데, 내가 하루아침에 폭력배임을 시인하는 것은 그 사람들에 대한 배신이오. 그것 때문에라도 나는 시인할 수 없소. 여기까지 왔는데, 나도 입증할 것이 있고, 검사님도 입증할 것이 있을 테니 끝까지 가보십시다."

하지만 홍준표 검사와 나는 더 이상 법정에서 마주칠 수 없었다. 내가 1심에서 5년형을 선고받은 얼마 뒤 그는 다시 서울로 발령이 나서 떠났다. 영전이었다.

그는 떠나고 나만 홀로 광주에 남아 지루하고 힘겨운 싸움을 다시 시작해야 했다. 2심 재판에서 4년으로 형이 감형되었지만, 대법원에서의 상고는 기각되었다. 내 인생에 '중범죄자'라는 지울 수 없는 낙인이 찍

히게 된 것이다. 그리고 이 낙인은 결국 나중에 다시 한 번 내 발목을 잡고야 만다.

7

날조된 영웅이 씌운 굴레

최인주 과장의 자살과 드라마 〈모래시계〉

1992년 12월 22일, 대법원에서 나의 유죄가 확정되었다. 11개월을 넘게 끌어온 재판은 결국 그렇게 끝을 맺었다. 많은 지인들이 나를 위로하기 위해 교도소로 찾아왔다. 홍준표 검사의 언론플레이로 인해 나를 감싸는 사람은 '조폭 비호 세력'이라는 낙인이 찍힐 수 있는 위험한 행보였다.

사람이 이상한 상황에 몰리면 스스로를 믿지 못하게 되기도 하나 보다. 그런 이유 때문인지 나는 유죄 판결을 받은 뒤로 괴상한 착각에 사로잡히고는 했다. 그 착각이란 어쩌면 내가 정말로 깡패였는지도 모른다는 것이었다. 뚜렷하게 떠오르는 일은 아무것도 없었다. 호텔의 슬롯머신 사업을 하는 동안 건달들과 몇 번 엮이면서 나도 모르는 사이에 폭력의 도움을 받았거나 그들에게 돈을 준 적이 있었던가? 아무리 생각해도 그런 비슷한 일조차 떠오르지 않았다. 그럼에도 나는 나 자신에 대한 확신이 조금씩 약해져갔다. 그런데 그럴 때마다 내 정신이 번쩍 들게 해주는 것이 있었다. '조폭 비호 세력'으로 몰릴지도 모른다는 위험을 감수하면서도 교도소로 나를 찾아와주는 사람들이었다. 내가 정말 깡패였다면, 나에게 조금이라도 미심쩍은 부분이 있었다면 그들이 그 위험을 무릅쓰고 나를 찾아오지는 않았을 것이기 때문이다.

유죄 확정 판결을 받은 지 얼마 지나지 않아 나는 군산교도소로 이감되었다. 억울하고 분해서 하루에도 몇 번씩 불덩이 같은 분노가 치솟았다. 밤에 잠을 자려고 누우면 캄캄한 허공만 응시했다. 아무 생각도 나지 않았고, 잠도 오지 않았다. 하루가 너무나 길게 느껴졌다. 앞으로 남은 3년이라는 시간이 영겁의 시간으로 다가왔다.

우스운 일은, 수형자들 사이에는 내가 '거물급 깡패'라는 소문이 퍼져서 교도소 안에서 나름 '대접'을 받으며 지낸다는 사실이었다. 광주 시내를 돌아다니다가 낯선 건달 청년들로부터 인사를 받고는 했던 것처럼, 교도소 안에서도 낯모르는 이들이 내게 머리를 숙여 절을 하고는 했다. 처음에는 무척이나 당황스러웠다. 그들의 인사를 받는다는 것은 나 스스로 깡패임을 인정하는 꼴이었기 때문이다. 그래서 이후부터는 저쪽에서 인사를 하든 말든 신경 쓰지 않기 위해 교도소 안에서 이동을 할 때면 일부러 시선을 피하면서 다녔다. 어느 누구하고도 엮이고 싶지 않았다. 그냥 시간이 빨리 지나가기만을 바라고 또 바랐다.

시간이 조금 더 지나자 나는 이 부조리한 상황조차도 받아들여야 한다고 굳게 마음먹었다. 그리고 만의 하나의 꼬투리라도 잡히지 않기 위해 다른 수형자보다 더욱 성실하게 수형 생활을 했다. 모범수로 지내는 시간이 쌓이자 교도관들도 나에게는 비교적 관대하게 대했다.

1993년 5월 16일, 스승의 날 다음 날이었다. 감방에서 다른 수형자들과 함께 TV를 보고 있는데 믿어지지 않는 사실이 뉴스에 보도되고 있었다. 최인주 과장이 자살을 한 것이었다.

최인주……

독자 여러분도 기억할 것이다. 내가 서울에서 도피 생활을 할 때 광주지검의 문치용 검사장에게 보낸 편지 속에서 내가 깡패가 아님을 보증할 다섯 사람 중의 한 명으로 거론했던 사람이다(하지만 홍준표 검사는 최인주 과장을 나의 비호 세력이라고 보고했다). 그는 나와 한 아파트에 사는 이웃사촌이자 같은 또래 자녀를 둔 학부형으로 만나 막역하게 지낸 이였다. 그가 스스로 목숨을 끊은 것이었다.

재판이 한창 진행 중일 때 광주교도소로 최인주 과장이 나를 찾아온 적이 있었다. 당시 그는 홍준표 검사에 의해 '비호 세력'으로 찍혀 있었기 때문에 면회가 자유롭지 못했지만 그날 그는 교도관에게 한 번만 나를 만나게 해달라고 통사정을 해서 찾아온 것이었다. 나와 마주 앉자마자 그는 울음을 터뜨렸다. 미안하다고만 했다. 나에게 아무런 도움이 되지 못해 미안하고, 오히려 비호 세력이 되어 나에게 해를 끼치게 된 것 같아 미안하고, 차가운 수갑을 차게 해서 미안하다고 했다.

"형님, 그러지 마십시오. 보기 안 좋습니다. 이럴 거면 앞으로 찾아오지 마십시오. 이 모든 것을 운명이라고 받아들이겠습니다."

그의 눈물은 내게 아무런 위로가 되지 못했다. 솔직히 그에게 서운한 마음이 컸다. 내가 깡패가 아니라는 사실을 누구보다도 잘 알고 있는 그였다. 그래서 어떻게 해서든 그가 나의 누명을 벗겨주리라 믿었다. 그렇게 생각할 수밖에 없는 이유가 있었다. 평소에 최인주 과장을 만날 때면 그가 검사장이나 간부급 검사들과 꽤 돈독한 사이라는 인상을 받은 적이 있었기 때문이다.

하지만 그것은 어디까지나 서로의 이해관계가 얽히지 않을 때의 일이었다. 냉정한 사안이 발생하면 검찰 조직 앞에서 일개 수사관은 사단장 앞의 영사관 정도로 비유할 수 있을 만큼 힘없는 존재가 되어버렸다. 그만큼 직위의 차이가 아득히 멀기 때문에 최인주 과장은 나를 두둔하는 단 한마디의 말도 하지 못했을 것이다. 시간이 꽤 지난 뒤에야 내가 그에게 건 기대가 너무 컸다는 사실을 깨달았다. 하지만 그런 사실을 몰랐던 당시의 나로서는 그에게 서운한 마음도 없지 않았다.

그날의 그 자리가 최인주 과장과의 마지막이었다. TV로 최인주 과장의 자살 소식을 접하는 순간, 그렇게 서운하게 헤어졌던 그날이 가장 먼

117
116

저 떠올랐다. 그리고 서운한 마음에 다소 차갑게 대했던 기억이 되살아났다. 그때, 괜찮다고, 형님 잘못이 아니라고 따뜻한 말 한마디 해주지 못했던 것이 내내 가슴에 응어리져 있었는데, 이제는 영영 풀 길이 없어져버린 것이다.

그날로부터 20여 년이 지난 어느 날, 남지숙 사장이라는 분에게서 최인주 과장의 쓸쓸했던 마지막 모습을 듣게 되었다. 남 사장은 사건이 있던 당시 법원 근처에서 식당을 운영했는데, 그 식당에는 법관과 검찰청 직원들이 자주 드나들었던 것으로 기억한다. 최인주 과장은 남 사장 식당의 단골손님 중 한 명이었다.

남지숙 사장이 이렇게 말했다.

"최인주 과장님은 저한테나 저희 종업원들에게 친절하게 잘 대해주어서 볼 때마다 참 반가운 분이었습니다. 그 무렵에는 늦은 퇴근길에 혼자 오셔서 가볍게 한잔 하고 가시고는 했어요. 그날도 최인주 과장님 혼자 저희 식당에 들르셨어요. 그런데 하필이면 그날 저희 애가 아파서 병원에 있던 터라 일찍 가게 문을 닫았습니다. 가게 문을 닫고 돌아서는데, 최인주 과장님이 뒤에 서 계신 거예요. 얼굴이 무척 어두웠고 표정도 좋지 않았습니다. 그럴 때는 말벗이 되어드려야 하는데 제가 그럴 상황이 아니어서 가게 문을 일찍 닫는 이유를 말씀드렸죠. 그랬더니 쓸쓸하게 웃으시면서 괜찮다고 하셨어요. 그러고는 가게를 지나쳐서 길을 따라 걸어가시더라고요. 아이 때문에 서둘러야 했지만 느낌이 심상치 않아서 뒤를 돌아보았어요. 어깨가 축 처진 채 걸어가는 뒷모습이 참 쓸쓸했습니다. 무슨 일인지는 모르지만 나중에 가게에 오시면 말벗이 되어드려야겠다고 생각하고는 돌아섰습니다. 그런데 그게 마지막이 될 줄은 꿈에도 몰랐어요."

그날 밤 최인주 과장은 그 길로 자신의 고향 근처인 주암댐으로 향했다. 그리고 신발을 가지런히 벗어놓고는 댐에 몸을 던졌다. 다음 날 최인주 과장의 자살 소식을 접한 남 사장은 엄청난 충격을 받았다고 한다.

"그날 내가 그분의 말벗이 되어드렸더라면 어땠을까, 지금도 생각하고는 합니다. 그날 그분의 그 쓸쓸했던 미소와 뒷모습이 오래도록 지워지지 않았어요. 참 긴 시간을 그분의 죽음을 막지 못했다는 자책감을 마음 한 구석에 안고 살아왔어요. 정말 좋은 분이었는데……."

나중에 유서까지 발견된 것으로 짐작해보건대, 그의 자살은 우발적인 것이 아니었다. 그러니 남 사장이 말벗이 되어주었다 한들 운명을 바꾸지 못했을지도 모른다. 하지만 죽음으로 향해 걸어가는 사람의 마지막 모습을 지켜볼 수밖에 없었던 남지숙 사장은 그 무서운 기억을 오래도록 가슴에 안고 살아야 했다. 그래서 그녀는 20여 년의 시간이 지난 어느 날 나를 찾아와 그의 마지막 모습을 들려주었다. 사실 이 책이 나오기까지는 남 사장이 들려준 그 이야기가 큰 역할을 했다.

인주 형님······ 잘 가시오.

　최인주 과장의 죽음을 슬퍼할 겨를도 없이 그 이튿날부터 사건 보도
가 연속적으로 터져 나왔다. 그의 죽음에 관한 조사가 시작된 것과 동
시에 조직폭력배와 검경의 공직자들이 유착 관계에 있다는 기사가 각
종 매체를 통해 보도된 것이었다. 내용은 빤했다. '조직폭력배 여운환'
과 '그의 비호 세력'에 관한 것으로, 내가 결백을 주장하며 1991년 광주
지검의 문치용 검사장에게 보냈던 편지에 거론된 사람들이 다시 언론
에 등장한 것이었다.

　광주를 떠나 서울지검으로 갔던 홍준표 검사는 최인주 과장이 자살했
을 당시 슬롯머신업계의 대부라고 알려진 정덕진·정덕일 형제와 그들
의 비호 세력에 대한 수사를 진행 중이었다. 홍준표 검사가 워낙 언론을
통해 자기 이름 알리기를 좋아하는 인물이다 보니 그 사건 역시 연일 크
게 보도되고 있었고, '검은 돈'과 고위 공직자들의 유착 관계에 관한 기
사가 신문지상의 큰 비중을 차지하고 있었다. 이런 상황에서 최인주 과
장의 자살 사건으로 말미암아 나의 비호 세력으로 몰렸던 남상수 부장
검사당시 인천지검, 송진규 부장검사당시 수원지검, 유제인 부장검사당시 서울지검 형사5부,
여준영 청장당시 서울경찰청장 등은 다시 한 번 곤욕을 치를 수밖에 없었다. 결

국 남상수 부장검사는 사의를 표명하고 물러났고, 다른 분들도 대검 감찰부의 소환과 조사에 크게 시달려야 했다.

그럼 이제 왜 최인주 과장이 스스로 목숨을 끊어야 했는지 이야기하겠다.

그의 유서에는 자신이 나로 인해 슬롯머신에 적은 돈이나마 투자를 하게 되었고, 그것이 공직자의 품위를 떨어뜨렸다는 등의 내용이 담겨 있었다. 최인주 과장은 광주지검 검사장에게 내가 보낸 편지로 인해 '비호세력'으로 낙인찍힌 뒤 홍준표 검사로부터 곧 감찰 조사를 받게 될 것이라는 경고를 수차례 들었다. 당시에는 아직 나에 대한 판결이 나기 전이었기 때문에 최인주 과장도 나름 당차게 대응했다. 그래서 홍준표 검사로부터 "같은 아파트에 사는 처지에 밥이나 먹자"는 제의가 왔을 때도, "내가 그런 버러지 같은 인간하고 왜 밥을 먹느냐"며 역정을 내기도 했다고 한다. 하지만 내가 결국 국제-PJ파의 '자금책 및 두목의 고문급 간부'라는 죄목으로 유죄 판결을 받고 난 뒤 그는 스스로 궁지에 몰렸다는 위기감을 갖기 시작했다.

나중에 밝혀진 바로는 검찰 내부에서 최인주 과장을 대상으로 내사를 진행한 적은 없다고 한다. 하지만 내 사건으로 담당 검사와 갈등을 빚었던 최인주 과장은 곧 자신에 대한 내사가 시작될 것이라는 강박관념에 시달리기 시작했고 정신적으로 불안한 모습을 보이기까지 했다. 그러다가 압박감을 견디지 못하고 스스로 목숨을 끊은 것이었다. 짓궂은 운명의 탓으로 돌리기에는 너무도 가슴이 아팠다.

최인주 과장이 남긴 유서에 담긴 내용은 모두 사실이었다. 목포의 백제호텔을 경영할 때 내가 그에게 슬롯머신에 지분 투자할 것을 권했다. 지금 이 책을 읽는 독자들이나 당시에 신문으로 그 사건을 접했던 사람들은 어떻게 생각할지 알 수 없으나, 나는 순전히 호의에 의해서 그에게 그런 제안을 했던 것이다. 정말로 그를 생각해서 투자할 돈도 내가 먼저 빌려주었다.

당시 슬롯머신 사업은 그야말로 황금알을 낳는 거위였다. 기계 하나하나마다 매일매일 적지 않은 현금을 벌어들였다. 이익이 워낙 컸기 때문에 가까운 친인척에게도 이권이나 지분을 넘기지 않았다. 그런데도 내가 먼저 선뜻 지분 참여를 하라고 권했던 것은 그만큼 내가 그를 좋아했고 따랐기 때문이었다.

지분 투자를 권하면서 내가 물었다.

"형님, 돈이 얼마나 있소? 자리는 내가 만들 테니까 할 수 있는 만큼만 해보쇼."

최인주 과장은 5천만 원이 있다고 했다. 그래서 5천만 원을 받고 5%의 지분을 주었다. 하지만 5%의 지분 가격이 1억 1,500만 원이기 때문에 매달 지분 이익금을 1,000만 원으로 산정하여 6개월 동안 배당을 하지 않다가 7개월째부터 매달 이익의 5%를 지급해 주었다. 그렇게 해서 최인주 과장은 검찰청 직원으로서는 만지기 힘든 돈을 만지게 되었다. 최인주 과장에게는 내가 은인인 셈이었고, 나 역시 그에게 경제적으로 보탬이 될 수 있어서 좋았다. 그게 비극적인 결말을 낳게 되리라고는 나도 그도 꿈에도 생각하지 못했다.

　최인주 과장이 자살하고 난 뒤 연일 관련 기사가 쏟아져 나왔다. 그 기사들 중에서 하나를 이 자리에서 소개하고자 한다.

자살 최 씨에 투자 권유 여운환

슬롯머신 수사 홍 검사와 기연

국제 PJ파 두목-작년 직접 잡아 구속

광주서 이웃에 살아 자녀들끼리는 친해

16일 자살한 광주지검 최인주 사건과장은 이 지역 조직폭력배로 복역 중인 여운환 씨의 권유로 슬롯머신 업소 지분에 투자, 공직자로서의 품위를 유지하지 못했다는 내용의 유서를 남겨 여 씨가 어떤 인물인지 관심을 끌고 있다. 최 과장은 특히 이 유서에서 슬롯머신업계의 대부인 정덕진 씨에 대한 수사를 담당하고 있는 서울지검 홍준표 검사에 대해 언급, 홍 검사와 여 씨의 관계도 관심거리다.

홍 검사는 광주지검 강력부에 근무하던 지난해 초 폭력조직 「국제 PJ파」의 보스인 여 씨를 구속, 여 씨는 대법원에서 폭력 행위 등 처벌에 관한 법률 위반죄 등으로 징역 4년이 확정돼 현재 복역 중이다.

공소장에 따르면 여 씨는 폭력조직인 「서방파」 두목 김태촌 씨(복역 중) 와 같은 「구서방파」 출신으로 목포의 B호텔과 슬롯머신장, 광주의 K 호텔 슬롯머신장과 K산업, K주택개발 등을 경영하고 이와 함께 부동산 투기로 모은 자금력을 바탕으로 자신의 사업체 운영에 필요한 폭력배를 키워왔다.

여 씨는 특히 76년 김태촌 씨가 무대를 서울로 옮기고 80년 삼청교육대에 조직원들이 대거 끌려가 구서방파가 와해되자 82년경 후배 폭력배 50여 명을 규합, 새로운 폭력조직 결성을 시작했다. 이들은 86년 말경부터 본격적으로 조직을 정비, 폭력조직인 「국제 PJ파」를 결성했다.

여 씨는 이어 일본의 폭력조직인 야쿠자와 연계를 맺기 위해 88년 11월 부산의 폭력조직인 「칠성파」 두목 이강환 씨(복역 중) 등 국내 폭력조직 두목급 20여 명과 함께 오사카로 건너가 야쿠자 조직과 의형제 결연을 하는 이른바 '사카스키' 의식을 갖기도 했다.

홍 검사가 국제 PJ파와 여 씨에 대해 수사의 손길을 뻗치자 정치인과 고위 공직자들의 유형무형의 수사 중단 압력이 드셌다는 것은 검찰 내에서도 공공연한 사실.

홍 검사는 최근 한 논문에서 "여 씨는 처음엔 정덕진 씨가 돈만 주면 언제든지 동원할 수 있는 일선 폭력배였으나 차츰 독자적인 수완을 발휘, 각계 유력 인사들과 교류했다"며 "여 씨 수사 과정에서 국회의원 3~4명을 비롯해 이름만 대면 알 수 있는 유명 인사들이 사활을 건 로비 활동을 펴 애를 먹었다"라고 밝히기도 했다.

홍 검사는 수사 과정에서 심지어 집으로 생선회칼이 든 소포가 배달돼 가족들이 공포에 떨기도 했다.

홍 검사가 이번에 슬롯머신업계 대부 정덕진 씨와 그 비호 세력에 대한 수사 결심을 하게 된 것도 국제 PJ파와 여 씨에 대한 수사 경험이 뒷받침이 됐다는 게 검찰 주변의 얘기다.

한편 홍 검사가 광주 근무 때 홍 검사와 여 씨의 아파트가 이웃해 자녀들끼리는 친하게 지낸 것으로 알려졌다.

이 기사는 1993년 5월 17일 동아일보의 임덕윤 기자가 쓴 것이다. 임덕윤 기자는 홍준표 검사가 광주로 내려오기 직전에 담당했던 노량진 수산시장 사건과 관련한 보도를 해서 특종상을 받았던 인물인데, 당시 그의 활약상은 홍준표 검사의 자서전『홍 검사 당신 지금 실수하는 거요』에도 잘 나타나고 있다. 이후로도 그는 홍준표 검사와 콤비를 이루며 홍준표 식 언론플레이의 한 축으로 역할을 해왔다. 임덕윤 기자는 현재 동아일보의 임원으로 재직 중이다.

그런데 이 기사의 내용은 '사실'을 바탕으로 쓴 것이 아니라, 홍 검사가 나를 기소하면서 제기했지만 법원에 의해 증거로서의 효력이 없는 것으로 판명된 '공소 사실'을 바탕으로 쓰고 있다. 임덕윤 기자는 '공소장에 따르면'이라는 단서를 달고는 있지만, 이후의 기사에서 내가 국제-PJ파의 두목이며, 세력 확장을 위해 국내 폭력조직의 두목급 20여 명과 함께 일본으로 건너가 야쿠자 조직과 의형제 결연의식을 맺었다는 등 '공소 사실'을 마치 '사실'인 양 부풀려서 쓰고 있는 것이다. 이미 법원으로부터 나는 '두목' 아니라 '자금책 및 두목의 고문급 간부'로 판결을 받았고(이것 역시 나로서는 억울하고 기가 막힌 일이지만), 야쿠자 의식과 내가 직접적인 관련이 없다는 사실을 확인받았음에도 불구하고 임덕윤 기자는 법원의 판결을 무시한 채 거짓 기사를 썼다. 나는 임덕윤 기자가 이 기사를 쓰는 데 홍준표 검사가 큰 역할을 했을 것이라고 생각한다. 그렇지 않고서는 홍준표 검사가 나를 기소하면서 제기했던 주장이 이렇게 판박이처럼 되풀이될 수는 없기 때문이다.

나를 조사하면서 국회의원과 고위 공직자로부터 압력을 받았다는 것 역시 홍준표 검사의 일방적인 주장을 그대로 수용한 것이며, 게다가 이미 해프닝으로 판명이 난 명절 주방용 칼 세트 배달 사고를 '홍 검사는 수사 과정에서 심지어 집으로 생선회칼이 든 소포가 배달돼 가족들이 공포에 떨기도 했다'는 식으로 쓴 것은 삼류 작가 홍준표 씨가 불러준 대로 옮겨 적었다는 의혹을 지울 수 없게 한다. 또 한 가지 이 대목에서 알 수 있는 사실은 이때까지도 홍준표 검사는 이 배달 사고 해프닝을 목숨이 달린 위협에도 굴하지 않은 정의로운 검사 이미지를 만들기 위한 주요한 테마로 활용하고 있었다는 점이다.

그리고 이 기사는 홍준표 검사가 과대망상증 환자 내지는 거짓말을 입에 달고 사는 '시나리오 작가'라는 사실을 여지없이 증명하고 있다. 1992년 5월 18일 내가 기형적인 판결에 의해 유죄를 받은 다음 날, 나는 참으로 어이없는 기사를 접했다. 홍준표 검사의 말을 인용한 지방 언론의 그 기사에는 이런 내용이 담겨 있었다.

'내가 잡아넣은 여 씨는 나와 한 아파트에 사는 이웃이다. 여 씨의 아들과 우리 아들은 친구지간으로, 우리 아들이 종종 여 씨의 집에 가서 놀다 오고는 했다. 그런데 하루는 우리 아들이 요즘 민구네 집에 놀러 가도 그 애 아빠가 안 보인다고 했다. 그래서 내가 민구네 아빠는 멀리 출장을 갔다고 말해주었다.' (이 내용은 내가 당시에 본 기사의 내용 중 일부를 기억을 더듬어 옮긴 것이다)

그런데 비슷한 내용이 1993년 5월 17일자 임덕윤 기자가 작성한 기사에도 그대로 나타나 있다.

한편 홍 검사가 광주 근무 때 홍 검사와 여 씨의 아파트가 이웃해 자녀들끼리는 친하게 지낸 것으로 알려졌다.

홍준표 씨가 펴낸 『홍 검사 당신 지금 실수하는 거요』에도 비슷한 내용이 나온다.

여한수의 막내아들과 나의 막내아들인 정현이는 서로의 집을 오가며 오락 게임을 하는 친구 사이였고, 여한규(나의 형을 이런 이름으로 책에서 썼다)의 딸은 나의 큰아들과 무등국민학교 5학년 같은 반에 다니고 있었다.

깡패가 아니었다면 얼마든지 친밀하게 지낼 수 있었던 이웃사촌이지만 수사를 시작하니 도망자와 추적자 사이가 된 것이다.

일단 사실부터 밝히자면 내 아들은 지금까지도 홍준표 검사의 아들이 누군지 모른다. 그러니 함께 어울린 적도 없고 우리 집에 초대한 적도 없다. 그런데 홍준표 검사는 마치 내 아들과 자기네 아들이 서로의 집까지 오가는 절친한 친구 사이인 양 거짓말을 하고 다녔다. 왜 그랬을까?

〈모래시계〉는 이때부터, 아니 그 훨씬 이전부터 홍준표 검사의 머릿속에서 한 장면, 한 장면 만들어져왔을 것이다. 친하게 지내는 두 사내아이가 있다. 그런데 한 아이의 아빠는 폭력조직의 두목이고, 한 아이의 아빠는 친구의 아빠를 교도소에 잡아넣어야 하는 검사다. 깊은 우정을 나눈 두 어린 친구, 하지만 그 아이들의 아빠들은 쫓고 쫓기는 숙명을 안고 있다. 아들의 친한 친구 아버지를 잡아넣어야만 하는 비극적인 상황에 처한 검사. 홍준표 검사는 '국제-PJ파 두목 여운환 사건'이라는 시나리오에 셰익스피어식 비극적 색채를 입히고 싶었던 것이다.

그렇다면 드라마 〈모래시계〉에서 여운환은 어떤 인물로 등장했던가. 주인공 최민수? 아니다. 내 역할을 맡았던 배우는 정성모다. 나는 그가 내 역할을 맡고 있다는 사실을 드라마의 한 장면을 통해서 알게 되었다.

검사^{박상원 / 홍준표}에 의해 붙잡힌 깡패 두목 정성모가 검사에게 자신의 재산 목록을 제출하는 장면이 있다. 그런데 정성모가 제출한 재산 목록이 내가 서울에서 숨어 지낸 동안 광주지검 문치용 검사장에게 보낸 편지를 통해 밝혔던 나의 재산 목록과 똑같았다. 홍준표 검사는 〈모래시계〉의 작가에게 드라마의 소재를 들려주면서 나의 재산 목록까지도 그대로 전달했던 것이다.

1995년 초 드라마 〈모래시계〉가 방영된 뒤 '모래시계 검사' 홍준표는 대중적인 인지도를 확실히 굳혔다. 그리고 오래지 않아 그는 검사직을 내놓고 정치 일선에 뛰어든다. 그의 유세 현장에는 '모래시계 검사'라는 글씨가 큼지막하게 새겨져 있었다.

대중은 드라마 〈모래시계〉와 홍준표 씨를 중첩시킬 때마다 상대 역할을 맡았던 깡패 두목 최민수를 연상하고는 했다. 그리고 그가 잡아넣은 현실의 깡패 두목이 바로 '여운환'이었다. '깡패 두목 여운환'은 그가 정치 일선에 뛰어든 그 무렵 그의 이력에 항상 꼬리표처럼 따라다녀야 했다. 심지어 그는 좀 잊을 만하면 '국제-PJ파'와 '두목 여운환'을 들먹이며 한때의 전력을 부각시키려 했다. 그중 하나가 바로 한화갑 전 의원을 내 비호 세력으로 들먹인 것이다.

민주당 한화갑 최고위원은 27일 자신을 겨냥, "여권 실세 H 의원이

○○○ 게이트에 연루돼 있는 여운환 씨를 1991년 옥중 면회했다"고 주장한 한나라당 홍준표 전 의원과 장광근 수석부대변인을 형법상 허위사실 적시에 의한 명예훼손 혐의로 서울지검에 고소했다.

_한국일보 2001년 9월 29일자

나와 한화갑 씨는 일면식도 없는 생면부지의 관계다. 그런데 어떻게 이런 거짓말을 공개 석상에서 태연하게 내뱉을 수 있을까? 그래서 내가 그를 두고 '체면도 염치도 없는' 사람이라고 말하는 것이다.

도둑과 건달이 있다. 남들이 볼 때는 둘 다 나쁜 놈이니까, 나쁜 짓도 서로 번갈아 가면서 할 수 있을 것이라고 생각할 것이다. 하지만 절도 범죄자들은 건달 앞에서는 고양이 앞의 쥐가 되고 만다. 이렇게 말하면 좀 우스울지 모르겠는데, 나쁜 짓에도 급이 있고 하지 말아야 할 나쁜 짓이 있다. 그래서 강간범, 특히 아동을 상대로 나쁜 짓을 한 범죄자들은 교도소에서 고생을 더 심하게 한다. 같은 수형자들도 그들을 가만히 두지 않기 때문이다.

건달들은 도둑질을 하지 않는다. 건달로서의 체면이 있기 때문이다. 체면이 있기 때문에 할 짓, 하지 말아야 할 짓을 가린다.

하지만 체면이 없는 사람은 무슨 짓이든 할 수 있다. 자신이 어떤 짓을 하면서도 그게 부끄러운 줄을 모르는 사람은 무슨 짓이든 할 수 있다. 나는 그런 사람의 모습을 홍준표 씨에게서 보았다.

최인주 과장의 자살 사건으로 조사를 받던 중 나는 군산교도소에서 청송교도소로 이감되었다. 당시 국제-PJ파 건으로 함께 수감되었던 현기용 씨의 막역한 친구가 교소도의 교도관으로 있었는데, 교도소 안에서 내가 그 교도관으로부터 편의를 제공받았다는 의혹을 받아 특별 교육을 받기 위해 청송교도소로 이감된 것이었다. 그런데 언론에서는 이점에 대해 '여운환이 감옥 안에서도 황제 생활을 했다'며 부풀려 보도했다. 그 배경에는 홍준표 검사가 있었다. 그가 언론과 인터뷰를 하면서 느닷없이 나를 거론한 것이었다.

그는 과거에 자신이 '깡패 두목' 여운환을 수사하면서 갖은 압력(어느 것 하나 구체적으로 제시할 수도 없으면서)을 받았으며, 여운환이 수감 당시 교도소 안에서 황제 생활을 했다는 등의 있지도 않은 사실을 흘렸다. 그리고 언론은 그의 의도대로 그가 내뱉는 말을 그대로 보도했다.

나의 죄목은 어디까지나 '자금책 및 두목의 고문급 간부'다. 그것 역시 억울하기 짝이 없는 죄목이지만, 내가 지금까지도 '고문급 간부'가 아니라 '두목'으로 회자되는 것은 순전히 홍준표 검사의 공이다. 그는 자신이 등장할 만한 적절한 타이밍이다 싶을 때면 어김없이 언론에 나타나서는 '깡패 두목 여운환'을 들먹였다. 과거에 누렸던 '모래시계 검사'의 영광을 재현하기 위해 그는 기를 쓰고 나를 '두목'으로 만들고자 했던 것이다. 그것도 정치계와 공직 세계로부터 철저하게 비호를 받는 엄청난 거물급으로 말이다.

광주에서 청송교도소까지는 자동차로 여섯 시간이 걸렸다. 그렇게 왕복 열두세 시간이 걸리는데도 면회 시간은 고작 15분이었다. 나는 조직폭력배로 수감되어 특별 관리 대상자로 구분되었기 때문에 특별 면회 자체가 허용되지 않았다. 새벽부터 광주에서 달려온 가족들을 만나도 창살을 사이에 두고 이야기를 나눌 수밖에 없었다(청송교도소에서 몇 개월을 보낸 나는 또 다시 대전교도소로 이감되었다).

하지만 수감 생활을 하는 동안 하루하루를 버티는 요령도 늘어갔다. 노역을 해야 할 때면 누구보다 열심히 일했다. 같이 징역살이를 하는 수형자들 중에는 나와 같이 착실하고 성실하게 생활하는 이들이 더러 있었는데, 그들이 그처럼 생활하는 이유는 우수 재소자나 1급수가 되면 가출옥되거나 감형을 받을 여지가 있기 때문이었다. 이것을 가석방 제도라고 한다.

하지만 조직폭력배는 처음부터 가석방 제도의 대상이 될 수 없었다. 앞서 밝힌 대로 조직폭력배는 간첩과 용공세력의 뒤를 잇는 대한민국의 주적이었다. 교도소 안에서 제아무리 성실하고 착실하게 생활한다 한들 단 하루도 감형이 될 수 없었다. 그럼에도 나는 나의 생활 패턴을 흐트러뜨리지 않았다. 그 이유는 두 가지였다. 하나는 교도소에서 몸가짐이 흐트러지면 밖에 나가서도 흐트러질 것이라고 생각했기 때문이고, 다른 하나는 조직폭력배에게 가석방 제도가 적용되지 않는 것은 인권 침해라는 내용의 탄원서를 냈기 때문이었다. 그런 탄원서를 낸 마당에 내가 어영부영 생활한다면, 나로서는 명분이 사라지는 것이다.

이런 일도 있었다. 대전교도소에서 생활할 때 간첩 죄목으로 들어온 황인오 씨를 알게 되었다. 운동을 하는 시간에 그와 많은 이야기를 나눈 적이 있다. 나는 단 한 번도 그가 진짜 간첩이라고 생각하지 않았다. 간첩을 만들어내야만 자신들의 존재 가치를 인정받는 조직에서는 자신들이 일단 살기 위해 간첩을 조작하기도 한다는 걸 나도 알고 있었고, 그와 이야기를 나누면서 알게 된 사람의 됨됨이와 생각이 전혀 간첩이라고 할 수 없었기 때문이다.

그런데 그가 전향 심사관들과 면접을 하면서 나로 인해 생각을 달리하게 되었다는 이야기를 했다고 한다. 출소한 뒤 그가 펴낸 책에도 그 내용이 적혀 있었다. 아무튼 그 일로 인해 나는 수형자 처우 규정에 따라 특진을 해서 1급 수형자가 될 수 있었다. 마치 대단한 진급이라도 한 것처럼 말하고 있는 나 자신이 조금은 우습다. 왜냐하면 어차피 나는 가석방 제도에 포함되는 대상이 아니었기 때문에 1급 수형자가 된다 해도 가출옥이나 감형이 될 수 없었기 때문이다.

내가 수감되어 있던 동안 드라마 〈모래시계〉가 방영되었다. 나는 교도소 안에서 홍준표 검사가 승승장구하는 모습을 지켜보아야 했다. 그의 이름을 들을 때마다 구역질과 욕지기가 올라왔지만 그때마다 나는 이를 앙다문 채 참고 또 참았다. 하지만 컴컴한 방에 누워 보이지도 않는 천장을 바라보고 있을 때면 어쩔 수 없이 분노가 치솟고는 했다.

하지만 어느 누구에게도 나의 분노를 드러내지 않았다. 같이 교도소 생활을 하는 어느 누구에게도 홍준표 검사에 대해서 입 밖에 내지 않았다. "저 인간이 나를 부당하게 처넣은 자다"라고 누구한테 말해보았자 가슴의 응어리가 풀리기는커녕 더 쌓일 것만 같았다.

그리고 시간이 지나면서 나는 나의 수감 생활을 겸허하게 받아들였다. 어릴 적 건달 생활을 하면서 사람을 다치게 했고 몹쓸 짓도 했다. 또 그것이 반드시 법에 저촉되는 행위가 아니라 할지라도 짧은 시간에 돈을 많이 벌어들이면서 본의 아니게 다른 사람에게 피해를 주기도 했을 것이다. 나는 종교가 없지만, 나는 징역살이를 내가 지금까지 알게 모르게 지었을지도 모를 모든 잘못에 대한 참회의 시간이라 여겼다. 더 솔직하게 말하자면, 그렇게라도 생각하지 않으면 감옥에 갇혀 지내는 그 시간이 너무나도 의미 없는 시간이 될 수도 있다고 생각했기 때문이다.

내가 출소할 무렵에 홍준표 씨는 국회의원으로 변신해 있었다. 그가 국회의원이 되기까지 얼마나 많은 사람이 그의 이력을 장식하는 소모품으로 전락했을까 하는 생각을 했다. 어쩌면 제2, 제3의 여운환이 정치인으로 성공한 그를 보면서 이를 갈고 있을지도 모를 일이었다.

하지만 그와 나의 악연은 거기까지라고 생각했다. 그가 자신의 길을 가듯, 나 역시 내 앞에 놓인 길을 걸어가면 그만이었다. 지난 5년의 시간 때문에 나의 남은 인생을 망친다면 그것이야말로 '패배'였다. 나는 이기고 싶었다.

만약에 그와 나의 이야기가 거기까지였다면, 나는 교도소를 나서면서 품었던 다짐과 염원대로 이 사회의 평범한 한 사람으로서 남은 생을 살아갈 수 있었을 것이다. 그리고 이 책도 세상에 나오지 않았을 것이다.

하지만 그게 끝이 아니었다. 홍준표 씨가 나에게 씌운 '국제-PJ파 두목 여운환'이라는 굴레는 다시금 망령처럼 되살아나 내 삶을 잠식하고 만다. '고위 공직자를 비호 세력으로 둔 깡패 두목'이 아니었다면 결코 당하지 않을 굴욕과 고통의 시간이 나를 기다리고 있었다.

PART 2

희대의 사기꾼
그리고 나쁜 세계

1

시작되지 말았어야 할 인연

나와 이용호의 만남

혹시라도 〈Part 1〉을 읽고 책을 잠시 덮어두었던 독자님을 위해 정리를 해볼까 한다.

독자 여러분은 내가 어떤 죄목으로 4년형을 받고 교도소에 수감되었는지 다시 한 번 생각해보시기를 바란다.

내 죄목은 '자금책 및 두목의 고문급 간부'였다. 하지만 국제-PJ파의 두목은 2014년 현재까지도 검거되지 않았을 뿐만 아니라, 경찰과 검찰은 국제-PJ파의 두목이 누구인지조차 아직 밝혀내지 못하고 있다. 따지고 보면 나는 존재하지도 않는 '두목'의 '고문급 간부'라는 죄목으로 형을 살았던 것이다.

국제-PJ파의 두목으로 형을 받았던 김낙중은 자신이 국제-PJ파의 두목이 아니라는 탄원서 한 장으로 감형되었다. 이후 내 재판 과정에서 그의 탄원서와 증언이 모두 거짓이었다는 사실이 만천하에 드러났고 김낙중 자신도 거짓으로 탄원서를 쓰고 위증을 했다고 인정했지만, 김낙중에 대한 감형 조치는 그대로 유지되었다. 검찰이 김낙중을 기소해야 그의 위증에 대한 죄를 물을 수 있었지만, 검찰이 끝내 그를 기소하지 않았기 때문이다. 검찰은 왜 김낙중을 기소하지 않았을까?

앞서 〈Part 1〉에서 밝힌 대로, 검찰이 김낙중의 탄원서와 위증을 문제 삼을 경우에는 처음에 나를 국제-PJ파의 두목으로 기소했던 사실 자체가 성립될 수 없다. 그리고 김낙중의 거짓 탄원서와 위증을 문제 삼을 경우 발생하는 두 번째 문제는, 검찰이 다시 나와 김낙중의 관계에 대해서 캐내야 하는데 검찰로서는 내가 김낙중의 자금책 및 고문급 간부로 활동했다는 어떠한 정황도 파악할 수 없다는 근본적인 모순을 떠안아야 했다. 따지고 보면 내가 김낙중의 건달 세계 선배인데, 내가 어떻게 건달 후배의 '집사'로 활동할 수 있었겠는가. 이러한 진퇴양난의 상황 속에서 광주지검은 나에게 형을 주면서도 김낙중의 거짓 탄원서와 위증에 대해서는 눈을 감는 것으로 모든 사건을 덮어버린 것이다. 최소한의 상식을 가진 사람이라면 이 재판이 얼마나 엉터리였는지 알 수 있을 것이다.

자, 지나간 일이니 당시의 말도 안 되는 재판은 더 이상 문제 삼지 말자고 치자. 하지만 홍준표와 언론은 시시때때로 나를 국제-PJ파의 두목인 양 떠들어대면서 나를 우상화했다. 지금도 인터넷에서 검색을 하면 '여운환 = 국제-PJ파 두목'으로 나온다. 엄연히 법원으로부터 판결을 받은, '두목의 고문급 간부'라는 공식적인 죄목이 있는데도 불구하고 세상은 나로 하여금 국제-PJ파의 '두목'이 되기를 요구했다.

그것은 모두 홍준표의 자기 과시욕 때문이었다. '대한민국의 정의를 바로 세운 모래시계 검사'의 신화에서 그가 잡아넣은 대상이 '두목'이 아니라 '두목의 고문급 간부'라면 뭔가 이야기가 시시해지기 때문이다. 게다가 홍준표는 경제계와 정치계의 비리 사건이 터지기라도 하면 어느새 마이크 앞에 나타나서는 자신이 과거에 잡아넣은 국제-PJ파 두목 운운하며 과거의 향수를 되새기려 했다. 그런 와중에 나는 어쩔 수 없이 '국제-PJ파의 두목'이자 '거물급 깡패'가 될 수밖에 없었던 것이다.

그리고 나의 이마에 새겨진 이 억울한 주홍글씨는 결국 다시 한 번 내 인생을 절망의 구렁텅이로 몰아넣고 말았다.

1990년이었다. 평소에 가깝게 지내던 이가 나한테 소개시켜주고 싶은 사람이 있다며 연락을 해왔다. 내게 연락을 한 이는 당시 광주 서부경찰서 조사계에서 근무하던 경찰관으로, 나보다 연배가 높아 선배로 모시던 분이었다. 내게 소개해주려는 사람이 어떤 사람이냐고 물었을 때 그 선배의 첫 마디가 이랬다.

"사기성이 아주 농후한 놈이야."

나는 웃을 수밖에 없었다.

"아니, 형님. 그런 친구를 왜 저한테 소개시켜주려고 하십니까?"

선배의 설명이 이어졌다.

'사기성이 아주 농후한' 그 친구는 그동안 몇 번 사고를 쳐서 선배한테 여러 차례 조사를 받은 전력이 있었다. 불과 얼마 전에도 고소를 당해서 선배가 직접 사건을 조사했다고 했다. 그런데 여러 번 조사를 하고 조사를 받는 동안에도 그 친구가 아주 살갑게 대해서 부지불식간에 정이 들어버렸다고 했다. 지은 죄가 악질적이라거나 중죄라면 절대 봐줄 수 없는 일이지만, 그동안 지은 잘못이라는 게 바르게 계도하겠다는 생각으로 눈감아주면 충분히 그럴 수도 있는 것이라고 했다. 그러면서 이렇게 덧붙였다.

"그런데 말이야, 이놈 재주가 보통이 아니야. 지금은 사기성이 좀 있지만 그 재주를 바르게 쓰면 크게 될 놈 같거든. 그렇게 생각하던 차에 내가 여 사장과 가깝게 지낸다는 걸 알고는 나한테 자네를 꼭 좀 소개시켜달라고 조르더라고. 자네가 조금만 도와주면 물건이 될 것 같은데, 한번 만나 보지 그래. 설마 이 녀석이 여 사장한테 사기를 치겠어? 재주가 있는 놈이니까, 여 사장한테도 사업적으로 도움이 될 거네."

나한테는 사기를 치지 못할 거라고 그 선배가 말한 이유는 내가 한때 건달 생활을 했기 때문이었다. 당시 나로서는 그쪽 세계와 완전히 담을 쌓고 지내고 있었지만, 한때 건달 생활을 했다는 전력은 남자들 세계에서는 사람을 쉽게 보지 못하게 만드는 일종의 '아우라'로 작용한다. 그래서 그 선배도 그런 말을 했던 것이다.

그러고 나서 몇 시간 지난 뒤에 선배가 한 젊은 친구를 데리고 나타났다. 젊은 친구는 아주 공손하게 고개를 숙이며 나에게 인사를 건넸다.

"이용호라고 합니다. 잘 부탁드립니다."

그것이 나와 이용호의 첫 만남이었다.

지금 무슨 일을 하고 있느냐고 물었더니, 이용호는 주택 건설업 쪽 일을 하고 있으며, 전에 아파트를 지어본 경험도 있고 지금도 아파트 지을 준비를 하고 있다고 답했다. 당시만 해도 건설 경기가 괜찮은 편이어서 수완이 좋은 사람들은 투자자금을 유치하는 것만으로도 꽤 큰돈을 만지고는 했다. 나는 그의 말을 들으면서 선배가 말한 '재주'라는 것이 돈을 융통하는 수완을 두고 한 말이라고 직감했다. 물론 아무리 재주가 뛰어나도 일이 뜻대로 풀리지 않을 때는 송사를 피할 수 없다. 그래서 그가 경찰서를 들락날락했던 것도 충분히 이해할 수 있었다.

그날 이후 이용호는 가끔 전화를 걸어와서는 안부를 묻고 인사를 전했다. 또 때로는 좋은 음식점으로 나를 초대해서는 식사를 대접하기도 했다. 그러면서 조금씩 나에게 도움이 될 만한 사업 아이템을 풀어놓았다. 예를 들면, 자신이 아파트를 짓고 있는 현장이 있는데 아파트가 들어서면 아파트 입구 쪽에 상가가 형성되면서 땅값이 오를 테니 그쪽 땅에 투자를 하는 것이 어떻겠느냐는 조언을 하는 식이었다.

이후로 만나는 횟수가 늘어났고, 처음의 어색한 시간이 지난 뒤로는 무척 가깝게 지냈다. 광주 지역의 유력 인사들이 부부 동반으로 떠나는 여행에 그를 끼워주기도 했다. 인맥에서만큼은 우물 안 개구리에 지나지 않았던 이용호는 나와 어울리면서 조금씩 사람 관계를 넓힐 수 있었다. 가끔씩 이용호는 진심이 담긴 목소리로 이렇게 말하고는 했다.

"나 같은 사람이랑 어울려주어서 얼마나 고마운지 모르겠습니다, 형님."

이용호는 나를 아주 많이 따랐다. 건설 계통에서 일을 하고는 있다지만 아직 자리를 잡지 못한 그의 눈에는 내가 성공한 사업가이자 건실한 기업인으로 비쳤을 것이다. 또 때로는 자신의 사업을 마음껏 펼칠 만한 자본을 확보하지 못한 그로서는 자신보다 불과 네 살밖에 많지 않은 나이에 이미 경제적인 기반을 충분히 닦아놓은 내가 부러움의 대상이기도 했을 것이고, 든든한 정신적 버팀목이기도 했을 것이다. 그리고 또 어쩌면 광주의 지역 사회에서 명망 있는 젊은 사업가로 통하는 나를 통해 자신의 미래를 그렸을지도 모른다.

독자 여러분도 알다시피 그로부터 오래지 않아 나는 홍준표의 표적이 되어 어처구니없는 일을 당하고 말았다. 교도소에서 피가 거꾸로 솟을 것만 같은 시간을 보내는 동안 이용호는 여러 차례 교도소로 찾아와 나를 위로해주었다. 자칫 잘못하면 조폭 우두머리의 비호 세력으로 낙인

찍힐지도 모르는 상황이어서 많은 사람들이 몸을 사리기도 했지만, 세상에 드러나보았자 손해 볼 것 하나 없었던 이용호는 심심찮게 면회를 와서는 기백만 원의 영치금을 넣고 돌아가고는 했다. 나로서는 있어도 그만 없어도 그만인 돈이었지만, 그의 마음이 갸륵해서 매번 고마움을 느끼지 않을 수 없었다. 그리고 내가 수형 생활을 하는 동안 마음 의지할 곳이 없었던 아내는 이용호의 안사람과 관계가 매우 돈독해져 서로 언니, 동생 하는 사이가 되었다.

내가 교도소에 있는 동안 이용호는 좋은 투자자를 만나 사업적으로 승승장구하고 있었다. 그의 투자자는 조선내화라는 아주 탄탄한 기업의 창업자인 고故 이훈동 씨의 아들인 고故 이정일 씨였다. 이정일 씨는 국회의원에 두 번 당선되었고 전남일보 회장을 지내기도 한 광주·전남 지역의 유력 인사였다. 그의 후원을 등에 입은 이용호는 건설회사와 주택회사의 대표가 되었고, 사업 수완이 좋은 덕에 회사의 규모가 점점 커지고 있었다. 이용호는 내 처지를 생각해서인지 면회를 와도 그런 부분에 대해서는 그다지 이야기를 하지 않았다. 하지만 교도소 안에서도 그런 소식쯤은 얼마든지 접할 수 있어 나도 알고 있었던 것이다.

그리고 교도소에 수감된 지 4년하고도 수개월이 지난 1996년 5월 23일에 나는 출소했다. 그런데 공교롭게도 그 무렵 내가 자유의 몸이 된 데 반해 이용호는 도망자 신세가 되어 있었다. 큰 금액의 당좌수표 부도를 내고 형사 사건의 피의자가 된 채 잠적했던 것이다. 이용호를 믿고 투자를 했던 이정일 씨 역시 큰 피해를 보았다고 했다. 내가 영어의 몸이 되어 있는 동안 여러 번 면회를 오고 자기 나름대로 마음을 표시해왔기에 나는 그가 도망자 신세가 되었다는 사실이 참으로 안타까웠다. 그래서 언젠가 내가 도울 길이 있다면 돕겠노라고 마음속에 새겨두었다.

출소하자마자 나는 그동안의 공백 기간을 메우기 위해 불철주야 사업에 매달렸다. 내가 새롭게 주목한 분야는 건설 쪽이었다. 그래서 종합건설회사와 전문건설회사를 세우고 착착 준비를 해나갔다. 그동안 이용호는 도망을 다니면서도 가끔 전화를 걸어와 자신의 소식을 전했고, 때로는 광주로 잠입해서 나를 만나고 가기도 했다.

그때 좋은 생각이 떠올랐다. 내가 건설 분야에 경험이 많지 않은 반면 이용호는 그쪽 분야에서 산전수전 다 겪었기에 그로부터 조언과 도움을 구할 수 있으리라는 생각이었다. 굳이 부도를 내고 도망을 다니는 처지에 있는 이용호에게 그런 도움을 구하지 않아도 되었지만, 그런 식으로라도 비밀리에 컨설팅을 받으면 내가 보수를 지급할 명분이 생겨 경제적으로 도움을 줄 수 있겠다고 생각했던 것이다. 큰 부도를 내고 도망자 신세가 된 그로서는 자신의 상황을 반전시킬 수 있는 획기적인 전기가 필요했겠지만, 나로서는 그런 방법으로나마 돕고 싶었다.

그런 식으로 이용호와 모종의 관계를 계속 유지하던 어느 날, 이용호가 나에게 큰 제안을 하나 했다. 그 제안이란 다음과 같았다.

지금 서울·경기 지역에서는 분당이라는 동네가 아주 뜨고 있다, 신안건설이라는 회사의 회장이 분당에 땅을 꽤 가지고 있는데 그 땅에 빌라를 지어서 분양을 하면 자신이 재기할 수 있을 것이다, 전에 주택 사업을 하면서 현대산업개발의 임원 몇 사람을 잘 알게 되었다. 그들을 통해서 그 회장 쪽에 제안을 넣으면 일이 아주 잘될 것 같다. 그런데 당장 계약금 15억 원이 없어서 일을 추진하지 못하고 있다. 그러니 형님께서 그 돈을 좀 융통해주시라……

그러면서 이용호는 내가 돈을 융통해주는 대가에 대해서도 아주 구체적으로 들려주었는데 그게 꽤 구미가 당겼다(이어지는 대사는 기억을 더듬어 내가 들려준 것을 작가가 재구성한 것이다).

"형님한테 융통하는 돈은 딱 4개월만 쓰고 돌려드리겠습니다. 그리고 형님께서도 광주에만 계시지 마시고 언젠가는 서울 쪽에 진출하는 것을 고려해보셔야 합니다. 그러면 서울에 집 한 채 정도는 있어야 하지 않겠습니까? 형님께서 계약금을 융통해주시면 나중에 제가 그 땅에 지은 빌라 가운데 한 채를 드리겠습니다."

당시 분당의 빌라 한 채 가격이 6억~7억 원 정도 했다. 4개월만 돈을 굴리면 서울·경기 지역 뜨는 동네에 집 한 채가 생기는데 누가 그런 제안을 마다하겠는가. 나는 흔쾌히 그러자고 했다.

하지만 그때가 1997년이었다. 이듬해에 IMF 사태가 터졌다. 어느 누구 할 것 없이 사업하는 사람들은 죄다 어려움에 처했다. 이용호 역시 뭔가 시작해보기도 전에 일이 잘못되고 말았다. 내가 계약금으로 융통해주었던 15억 원도 돌려받을 길이 없었다.

하지만 나는 이용호를 크게 탓하지 않았다. 내가 15억 원 정도는 우습게 여길 정도의 재력가여서가 결코 아니었다. 나에게도 15억 원은 매우 큰돈이었다. 하지만 국가 부도 사태 앞에서는 그도 나도 어쩔 수 없는 일이었다. 그를 닦달한다고 해서 없는 돈이 어디서 뚝딱 생길 리 만무했다. 분당 빌라 사업에 함께 동참했던 현대산업개발 측에 미리 묻어둔 5억 원 정도를 돌려받은 것이 다행이라면 다행스러운 일이었다. 분당의 빌라 한 채는 물 건너가고 원금에서 10억 원의 손실을 볼 수밖에 없는 상황이었다.

내가 이용호에 대해서 깜짝 놀란 일은 그 이후에 일어났다. 당시에 이용호는 분당 빌라 건축 사업 외에도 다른 일에 손을 대고 있었다. 반포 쪽에 사무실을 둔 그 회사는 기업 M&A에 착수하고 있다고 했다. 나는 M&A라는 것에 대해서도 금시초문이었고, 돈 한 푼 없이 무슨 사업을 하는지도 의아했지만, 이용호는 가진 것 없이도 돈을 벌 수 있다고 큰 소리쳤다.

전통적인 경제 관념과 기업 운영 이념을 가진 나 같은 사람은 내가 가진 것이 없으면 어떤 일도 해볼 엄두를 내지 못한다. 그런데 이용호 같은 부류는 이래 죽으나 저래 죽으나 마찬가지라는 생각으로 일단 일부터 저지르고 보았다. 나는 그제야 7년 전 이용호를 처음 만났을 무렵 경찰관이었던 선배가 그를 두고 '사기성이 아주 농후한 놈'이라고 했던 말의 진의를 깨달았다. 그는 당좌수표 부도를 내고 도망 다니는 신세인 데다 자기 돈이라고는 땡전 한 푼 없는 상황에서도 광주에서 큰 사업을 하다가 이제는 중앙에 진출할 만큼 돈을 모았기에 서울에 올라왔다는 식으로 허세를 부리면서 상대방의 기를 죽이거나 모래성 같은 신용을 얻고는 했다.

그러던 어느 날 이용호가 다시 나를 찾아왔다. 이번에 어떤 회사를 하나 인수했는데 그걸 완전히 자기 것으로 만들려면 당장 10억 원이 필요하다고 했다. 이번에 돈을 융통해주면 지난번에 갚지 못한 10억 원은 물론이고 이번에 빌려주는 10억 원의 이자까지 쳐서 돌려주겠다고 했다. 돌려받지 못한 10억 원에 대한 미련이 컸지만, 그렇다고 해서 그의 말만 믿고 다시 큰돈을 투자할 수는 없는 노릇이었다. 그도 나의 그런 의중을 알아차렸는지 자신이 인수한 회사에 대해서 설명하기 시작했다.

내가 이용호라는 인물에 대해서 깜짝 놀란 것이 바로 그때였다. 그가 인수한 회사는 대우금속이라는 기업으로, 코스닥에 상장되어 있다는 것이었다. 그러면서 이번에 빌리는 10억 원과 이전에 돌려주지 못한 10억 원을 합쳐서 대우금속 명의의 20억 원짜리 어음을 끊어주겠다고 했다. 뿐만 아니라 이번에 빌려주는 10억 원에 대한 이자 명목으로 시가 1억 원에 상당하는 주식을 주겠노라고 했다. 그 주식은 당장은 1억 원 가치가 있지만 시간이 지나면 2억 원도 되고 3억 원도 될 수 있다고 했다.

내가 그때 그렇게 놀란 이유는 순전히 내가 무지했기 때문이다. 나는 상장 회사라는 것은 절대로 부도가 나지 않는, 국가가 보증하는 그런 회사라고 알고 있었다. 광주에서 여러 사업체를 운영하며 나름 사업가로서 이력을 쌓았지만, 나는 어디까지나 광주에서 아는 사람들 사이에서나 인정을 받는, 조그만 사업체들의 대표일 뿐이었다. 이름만 대면 전국 누구나 알 만한 회사의 대표가 된다는 것은 내게는 먼 일이었다. 내 무의식중에 그런 자괴감이 있었던가……. 나는 이용호가 상장 회사의 어음을 마음대로 발행할 수 있을 뿐만 아니라, 적지 않은 액면가의 주식까지 자기 의도대로 양도할 만큼 사업적으로 성장했다는 사실이 무척이나 어색하고 당황스러웠다. 그러면서 한편으로는 '이 친구가 가진 재주가 보통이 아니구나' 하는 생각에 부럽기도 했다.

저간의 사정이야 어찌되었든 영영 돌려받지 못할 것이라고 생각하고 있던 10억 원을 돌려받게 되었고, 그것을 상장 회사의 어음으로 보증할 뿐만 아니라, 1억 원의 이자까지 주겠다고 하니 나로서는 추가적으로 10억 원을 빌려주는 것에 대해서 망설일 이유가 없었다. 그렇게 해서 이용호는 나로부터 10억 원을 더 빌려갔고 나는 대우금속이 발행한 20억 원짜리 어음을 손에 쥐게 되었다. 이때 빌려준 10억 원과 이전에 빌려준 10억 원은 나중에 회수하는 시기가 늦추어지는 우여곡절을 겪긴 했지만 모두 돌려받았다. 결국 이용호도 나도 윈윈 할 수 있었던 것이다. 이후로 나는 이용호와 계속 돈거래를 했다.

당시 이용호는 이 회사 저 회사 가리지 않고 무차별적으로 인수를 하고 있었다. 나로서는 그의 그런 행태를 잘 이해할 수 없었다. 내가 만약 번듯하고 건실한 기업을 하나 인수했다면 나는 그 기업을 내실 있게 잘 운영해서 자손 대대로 물려줄 방법을 찾으려고 노력할 것이다. 그런데 그는 상장 회사, 비상장 회사 가리지 않고 무차별적으로 인수를 했다가 처분을 하면서 여러 가지 방법으로 수익을 내고 있었지만, 그런 일을 되풀이하다 보니 지속적으로 자금난에 시달려야 했다. 그런 그에게 나는 좋은 사업 파트너였다. 내가 적지 않은 현금을 융통해주었기 때문만은 아니었다.

나중에 안 일이지만, 이용호가 하고 있는 '사업'이라는 것이 법적으로는 크게 문제될 것이 없지만 윤리적으로 떳떳한 것은 아니었다. 그러다 보니 적이 많이 생겼고 때문에 곤란한 상황에 빠질 때도 더러 있었다. 그럴 때 그는 내 이름을 들먹이면서 자신이 '거물급 조폭 두목'과 막역한 사이라는 점을 과시하고는 했다. 나로서는 치욕적인 일이었지만, 세상 사람들은 나를 호남 최대 폭력조직의 우두머리로 인식하고 있었다. 모든 것이 다 홍준표 씨가 내게 달아준 훈장이었다. 그런데 공교롭게도 홍준표 씨가 달아준 그 훈장을 이용호는 곤란한 일이 생길 때마다 아주 적절하게 써먹고는 했던 것이다.

이용호 역시 나에게는 높은 수익을 가져다주는 좋은 거래 대상이었다. 그는 내게서 돈을 융통해 가면서 연 20~30%의 이자를 쳐주고는 했다. 때문에 나로서는 그와 거래를 하면서 손해 볼 것이 없었다. 아니, 꽤 높은 수익을 얻고 있었다.

훗날 이용호 게이트 사건으로 조사를 받으면서 알게 된 내용인데, 수사 기록에는 내가 이용호에게 융통해준 거래액이 모두 112억 원이라고

151

기재되어 있었다. 물론 이 돈을 한꺼번에 거래한 것은 아니었다. 여러 번에 나누어서 거래한 금액의 합이 그랬던 것이다. 그 돈을 거래하는 동안 이용호가 소개한 주식을 사들였다가 손실을 본 적도 더러 있었지만, 대체로는 이자 수익을 얻은 편이었다.

사실 나는 적대적 M&A라는 것이 어떤 것인지 제대로 몰랐고, 이용호가 그렇게 무차별적으로 여러 회사를 인수하면서 어떤 방법으로 수익을 남기는지도 몰랐다. 그리고 내가 빌려준 돈이 어떻게 쓰이는지에 대해서도 묻지 않았다. 혹여 내가 빌려준 돈이 옳지 못한 곳에 쓰인다 할지라도 윤리적인 문제는 내가 관여할 바가 아니었다. 크게 흠 잡힐 일만 하지 않는 한 수익이 남는다면 언제라도 나는 이용호에게 돈을 빌려줄 수 있었다. 때문에 나와 이용호의 돈거래는 그 뒤로도 계속되었다.

2

국민의 정부 최대 스캔들의 시작

이용호와 나의 불안한 공생관계

2000년 5월 9일의 일로 기억한다. 당시 나는 서울에 볼일이 있어 상경한 참이었다. 그런데 평소 이용호와 가깝게 지내던 이로부터 급한 연락이 왔다. 이용호가 서울지검 특수2부에 긴급체포 되었다는 것이었다. 지금 법원 앞 찻집에 여러 사람이 모여 대책을 논의하고 있다고 했다. 당장 그리로 달려갔다.

이용호가 긴급체포 된 경위는 이랬다.

과거에 이용호가 주택사업을 하던 시절 그와 동업을 한 이들 중에 심영복이라는 사람이 있었다. 그런데 이용호가 심영복에게 주어야 할 돈을 주지 않은 모양이었다. 심영복은 여러 차례 이용호를 찾아가 사정을 하기도 하고 으름장을 놓기도 했지만, 그때마다 이용호의 반응은 차가웠다. 그러는 사이 이용호에 대한 심영복의 감정은 크게 비틀어질 수밖에 없었다.

이용호에 대해서 이를 갈고 있는 사람이 심영복만은 아니었다. 오랫동안 이용호와 친구로 지내면서 그와 함께 일을 했던 강영구라는 사람 역시 이용호에게 날을 세우고 있었다. 강영구는 이용호 밑에서 일하면서 삼화건설이라는 회사의 대표이사를 맡기도 했던 막역한 관계였다. 그들은 단순한 사회적 관계를 넘어 의리로 뭉친 면도 있었다. 그래서 이용호가 법적으로 곤란한 상황에 빠지면 강영구가 나서서 사건을 무마하기도 했다. 그것은 결코 계약으로 연결된 주종관계만으로는 할 수 없는 일들이었다.

그런데 강영구가 경제적으로 어려움을 겪고 신용상의 문제가 생겼을 때 이용호는 그를 외면했다. 도움을 주기는커녕 오히려 강영구를 내치기까지 했다. 그들 둘 사이에 어떤 일이 있었기에 그토록 관계가 틀어졌는지 나는 자세히 알지 못한다. 다만 내가 아는 것은 한때 막역했던 동지 사이가 원수지간으로 변했다는 것이었다. 이런 과정 속에서 서로 뜻이 맞았던 심영복과 강영구가 의기투합하여 '이용호 죽이기'에 나선 것이었다.

강영구는 이용호에게 보복을 할 요량으로 그 밑에서 일하며 작성했던 비밀장부를 모두 챙겨 서울지검에 진정을 넣었다. 서울지검의 담당 검사는 장부를 면밀하게 검토한 뒤 '감'이 된다고 판단하여 윗선에 보고했다. 보고를 받은 부장검사는 제법 큰 건이 될 수 있겠다고 직감했고, 서울지검 검사장에게까지 보고가 올라갔다. 그리고 이용호에게 긴급체포령과 압수수색영장이 떨어졌다.

이 소식은 곧장 이용호와 직간접적으로 연결된 사람들에게도 전해졌다. 이용호가 구속될 경우 이래저래 타격을 입을지도 모를 사람들이 모여 대책 논의에 들어갔다. 그리고 때마침 상경해 있던 나 역시 그 자리에 합류하게 된 것이다.

그들과 합류하고 난 뒤에 알게 된 사실은, 자신에게 앙심을 품은 심영복과 강영구가 비밀장부를 빼돌려 서울지검에 진정을 넣었다는 사실을 이용호가 미리 알고 있었다는 점이었다. 그래서 이용호는 광주지검의 검사장을 지낸 유강일이라는 변호사를 선임하여 대응하고 있는 중이었다. 이용호가 유강일 변호사를 선임한 이유는 당시 서울지검 특수2부의 특수부장으로 있던 이종명 부장검사가 유강일 변호사와 동향이고, 유강일 변호사가 검사였던 시절 한때 유강일 씨 밑에서 이종명 부장검사가 근무한 적도 있었기 때문이었다. 이용호는 유강일 변호사를 통해 로비를 해서 기소 자체를 무효화할 작정이었다. 하지만 이용호의 의도와는 달리 긴급체포령과 압수수색영장이 떨어지고 만 것이었다.

일단 내가 보기에 유강일 변호사의 역할은 거기까지인 듯했다. 후배인 이종명 부장검사에게 줄을 댔는데도 이용호가 긴급체포 되었다는 것은 유강일 변호사가 검찰 조직 내에서 큰 영향력을 갖지 못한다는 사실을 말하고 있었다. 그래서 그날 법원 앞 찻집에 모인 '대책마련반'은 일단 유강일 변호사를 배제하고 다시 판을 짜기 시작했다.

이용호 긴급체포령과 관련된 서울지검의 중심인물은 이종명 부장검사, 임영배 검사장 그리고 강력부를 관할하는 임도균 3차장이었다. 그런데 이용호를 둘러싼 이들 서울지검 간부 검사들의 이해관계가 상당히 복잡한 편이었다.

이용호 긴급체포에 가장 결정적인 역할을 한 사람은 이종명 부장검사였다. 심영복과 강영구가 이용호에 대한 진정을 넣었을 때 직접 관여하여 부하 검사로 하여금 비밀장부를 검토하게 하고 상부에 보고한 당사자가 바로 그였던 것이다. 이용호도 그런 사실을 알고 있었기에 이종명 부장검사에게 영향력을 발휘할 수 있으리라고 믿었던 유강일 변호사를 선임한 것이었다.

두 번째 중심인물은 임영배 검사장이었다. 그런데 임영배 검사장의 친조카가 이용호가 운영하는 회사에서 일을 하고 있었다. 아마도 그 직원은 나중에 임영배 검사장의 덕을 보려 했던 이용호의 포석이었을 것이다. 이종명 부장검사로부터 이용호 긴급체포에 동의해달라는 서류가 올라왔을 때 임영배 검사장으로서는 적잖이 당혹스러웠을 것이라고 짐작할 수 있었다. 따라서 임영배 검사장은 상황의 변화에 따라 얼마든지 이용호에게 관대하게 나올 여지가 충분했다.

그리고 임도균 차장검사가 있었다. 그는 이용호 긴급체포와는 직접적인 관련이 없었지만, 특수부를 관할하는 간부 검사이고 이용호의 사업 파트너와 막역한 친구 사이였다. 그냥 친구 사이가 아니라 어려운 부탁을 하면 들어주지 않을 수 없을 정도의 사이였다. 그 친구는 당시 호남 지역에 근거지를 둔 배터리 회사의 전무이사로 일하고 있었는데, 예의 그 법원 앞 찻집의 '대책마련반'에도 자리하고 있었다.

정황상 '이용호 긴급체포 사건'의 키를 쥐고 있는 핵심 인물은 이종명 부장검사였다. 그는 이용호나 이용호의 지인과 아무런 이해관계가 얽혀 있지 않았을 뿐만 아니라, 이 사건을 접하고 난 뒤 직접 내사를 진행했던 인물이었다. 따라서 이종명 부장검사만 잘 구슬린다면 임영배 검사장 역시 마지못한 듯 이 사건에 대해서 관대한 처분을 내릴 것이라는 판단이 들었다.

이렇게 해서 대충 작전지도는 그려졌는데 어디를 어떻게 공략하느냐가 관건이었다. 내가 총대를 멨다. 그것도 다 홍준표 씨 덕분이었다. 그와 법정 싸움을 벌이면서 검사들의 생리를 어느 정도 알고 있었고, 여러 변호사를 선임하면서 법조인들의 인맥 관계도 어느 정도 파악하고 있었기 때문이다.

이제 이종명 부장검사에게 가장 큰 영향력을 발휘할 수 있는 사람을 찾는 것이 우선 과제였다. 여기저기 알아본 결과, 신동섭 변호사가 적임자라는 판단이 들었다. 신동섭 변호사는 법무부 차관을 지냈고 훗날 김대중 정부 시절에 국정원장까지 지낸 인물로, 이종명 부장검사의 전주고등학교 선배이자 전주고등학교 출신 법조인들의 대부 격으로 알려진 사람이었다. 그의 입김이라면 이종명 부장검사에게도 어느 정도 먹힐 것이라는 생각이 들었다.

임영배 검사장은 그의 친조카가 이용호의 부하직원이라는 이해관계가 얽혀 있었지만, 그렇다고 해서 그에게 손을 쓰지 않을 수는 없었다. 임영배 검사장을 설득할 만한 인물로는 김병준 씨가 적임자였다. 김병준 씨는 법무부 장관까지 지낸 인물로, 그가 검찰총장으로 있던 시절에 임영배 검사장이 대검 강력부장을 지냈던 인연으로 엮여 있었다. 당시 김병준 씨는 법무부 장관으로 재직하던 중 옷 로비 사건(신동아그룹 최순영 회장의 부인 이형자 씨가 남편을 구명하기 위해 고위층 인사의 부인들에게 고가의 옷을 선물하여 로비를 했던 사건)으로 옷을 벗고 이제 막 변호사로 새롭게 출발하려던 무렵이었다. 그런 김병준 씨를 임영배 검사장이 모른 척할 수는 없으리라는 판단이 섰다.

그리고 임도균 서울지검 3차장은 막역한 친구 사이인 이용호의 사업 파트너가 맡기로 했다.

이렇게 판을 짜고 난 뒤에 그날 오후에 곧장 김병준 씨를 찾아갔다. 다행히 내가 아는 사람 중에 김병준 씨를 잘 아는 사람이 있어 그와 동행했다. 그를 찾아간 자리에서 나는 이용호가 젊고 건실한 사업가이고, 그에게 앙심을 품은 전 직원이 장부를 빼돌려 서울지검에 진정을 넣는 바람에 이런 일이 벌어졌다고 말했다. 완전한 거짓말도 아니고 완전한 사실도 아니었다. 내 말을 어떻게 받아들였는지 김병준 씨는 내가 보는 앞에서 임영배 검사장에게 전화를 걸었다. 그러고는 "임 공, 이 사건 내가 맡아도 되겠는가?" 하고 물었다. 임영배 검사장에게서 어떤 답변이 돌아왔는지 정확히 알 수 없었지만, 김병준 씨의 표정이 밝았다.

"내가 해도 된다고 그러네."

김병준 씨가 던진 그 말은 현직 검사와 퇴직한 선배 검사들 사이에 오가는 모종의 신호인 모양이었다. 어쨌든 이렇게 해서 임영배 검사장에 대해서는 마음을 놓아도 되는 상황이 만들어졌다.

이종명 부장검사를 커버해줄 것으로 기대했던 신동섭 변호사를 찾아갔을 때도 역시 비슷한 상황이 연출되었다. 모든 것이 내가 뜻한 대로 돌아가고 있다는 느낌이 들었다.

법원 앞에서 이용호 긴급체포 사건에 대한 대책을 마련하기 위해 모였던 사람들 중에 사실 이용호가 구속되지 않으리라고 생각한 사람은 아무도 없었다. 이용호의 구명을 위해 애쓴 이들은 모두 그가 구속을 피할 수는 없겠지만, 여죄를 추궁당하지 않고 최소한의 형을 받아서 최대한 빨리 출소할 수 있도록 돕기 위해 머리를 모은 것이었다.

그런데 법원 앞 찻집에 모였던 사람들은 왜 그토록 이용호를 구명하기 위해 애를 썼던 것일까? 나는 왜 여러 변호사를 찾아다니는 수고로움을 마다하지 않고 그를 위해 노력했던가?

부끄러운 이야기지만, 이 질문은 시간이 많이 지난 뒤에야 내 자신에게 던질 수 있었다. 그 당시에는 오로지 이용호를 도와야 한다는 생각뿐이었다. '왜?'는 생각하지 않고 '어떻게?'만을 향해 달려갔던 셈이다. 그때 나는 왜 그랬을까…… 왜 그랬을까?

이용호와의 인간적인 정리 때문이라고 말한다면 그건 순전한 거짓말이다. 당시 나에게 이용호에 대한 의리나 우정이 남아 있었던가? 어쩌면 그랬을지도 모른다. 하지만 그를 처음 만나 인사를 나누고 같이 밥을 먹고 여행을 다니고, 내가 교도소에 있을 때 그가 면회를 오고, 도망자 신세가 된 그를 내가 걱정하던 시절은 이미 옛날이었다. 당시 나와 이용호 사이에는 사업 관계만이 남아 있었다. 나는 그에게 적지 않은 현금을 빌려주고, 그는 나에게 그 대가를 지불했다. 그것이 전부였다. 그런데도 나는 왜 그를 위해 그토록 애썼던가?

나는 이 질문에 대해서 두 가지 단어로 답할 수밖에 없다. 하나는 '위기', 하나는 '투자'다.

'위기'란 이런 것이다. 당시 나는 이용호에게 돈을 빌려주는 것 외에 그와 관련된 회사의 주식을 꽤 가지고 있었다. 이용호가 잘못될 경우 그 주식들은 모두 휴지 조각으로 변할 수도 있었다. 그런 걱정 때문에 그가 받을 처벌을 최소화하기 위해 노력했던 것이다. 그리고 '투자'라는 측면도 있었다. 좁은 소견으로 내가 생각했을 때, 당시의 이용호는 외형적으로는 우리나라에서 몇 손가락에 꼽을 만큼 잘나가는 사업가였다. 때문에 그를 통해서 지속적으로 수익을 얻고 싶다는 생각을 가지고 있었고,

이참에 그에게 점수를 좀 더 따두자는 무의식중의 의도도 갖고 있었을 것이다. 부끄럽지만, 이렇게밖에 당시의 내 행동을 설명할 수가 없다.

그런데 이용호는 긴급체포 된 지 단 하루 만에 느닷없이 입건 유예인가 무혐의 처분을 받고 서울지검에서 풀려났다. 우리의 예측이 완전히 빗나간 것이었다. 너무나도 뜻밖이어서 사실 당황스럽기까지 했다. 하지만 내가 기대했던 것 이상의 결과가 나왔기에 내 나름대로는 뿌듯하기도 했다. 그래서 검찰에서 풀려난 이용호의 사무실로 찾아가면서 100점짜리 시험지를 들고 집으로 돌아가는 어린 아이처럼 마음이 설레기도 했다. 돈거래를 하면서 증발해버렸던 이용호와 나 사이의 정리가 되살아나는 듯한 기분마저 들었다.

그런데 이용호는 나를 만나자마자 짜증스러운 목소리로 이렇게 말했다.

"형님, 변호사 비용으로 너무 많은 돈을 쓰신 것 아니요? 나도 나름 생각이 있어서 다 대비를 하고 있었는데……."

내가 이용호를 대신해서 선납한 변호사 비용은 모두 1억 1천만 원이었다. 김병준 씨에게 1억 원을 지불했고, 신동섭 변호사에게 천만 원을 주었다. 나는 그 돈이 결코 많다고 생각하지 않았다. 누가 보더라도 구속될 것이 빤한 상황에서 그 정도 돈을 쓰지 않고서 어떻게 사람을 빼낼 수 있단 말인가. 그런데 이용호는 석방이 거의 불가능한 상황에서 느닷없이 풀려나서는 나더러 변호사 비용을 많이 썼다고 역정을 내고 있었다.

"내가 회사의 자금을 횡령했다는 혐의를 받고 있다는 걸 알고 다른 회사들의 어음이나 유가증권을 빼서 완벽하게 장부를 맞춰놓았어요. 그런데 어떻게 나를 잡아넣어요? 증거가 없는데…….”

나는 저를 위해 그렇게 노력했는데, 정작 돌아온 것은 핀잔과 짜증이라니……. 기분이 크게 상했다. 내 기분이 크게 상한 것을 알고는 이용호도 멋쩍어했지만, 내 기분은 쉽게 풀어지지 않았다.

그런데 이용호가 그 자리에서 내게 들려준 이야기에 의하면 '나름 생각이 있어서 다 대비를 하고 있었'다는 그의 말이 틀린 것은 아니었다. 그의 말대로 서울지검에 들어간 비밀장부로 인해 책을 잡히지 않기 위해 이미 장부를 완벽하게 맞춰놓았고, 이종명 부장검사를 커버할 유강일 변호사 외에 사건을 맡은 담당 검사의 친구인 변호사까지 1억 원을 주고 선임해놓았다는 것이었다. 게다가 얼핏 흘리는 듯한 말 속에서 '이수동'이라는 이름을 들먹였다. 이수동이라면 아태재단 상임이사에 재임하고 있던, 김대중 대통령의 오른팔 격인 사람이었다. 나는 놀라지 않을 수 없었다. 이용호의 재주가 뛰어난 데다 사업의 판을 넓히면서 전 방위적으로 사람을 만나고 다닌다는 사실을 알고는 있었지만 대통령의 최측근에게까지 접근했으리라고는 상상도 하지 못했기 때문이다.

그의 말이 사실일까……. 당시로서는 알 수 없는 노릇이었다. 변호사 비용 때문에 짜증을 부리고 나서는 자신 뒤에 이수동이라는 거물이 자리 잡고 있다는 사실을 흘림으로써 내 기를 꺾으려 하는 것인지도 모른다는 생각이 들었다.

그의 말이 사실이건 아니건 그것은 내가 상관할 바가 아니었다. 나는 이용호에게 돈을 빌려주면서 그때까지 적지 않은 이자 수입을 얻고 있었고, 그가 건재하다면 그와의 돈거래도 마다할 이유가 없었다. 그러나 일종의 직감이랄까……. 그의 앞날이 그리 순탄하지만은 않으리라는 생각이 들었다. 그가 검찰의 표적이 되어 이미 한 번 구속될 위기에 처한 적이 있다는 사실 때문만은 아니었다. 오히려 그가 '이수동'이라는 이름을 들먹이면서 젠체하는 모양새에서 나는 위기를 느꼈다. 그게 정말 사실인지 아닌지 당시로서는 확인할 길이 없었지만, 장관 인선에도 막강한 영향력을 발휘할 수 있는 위치에 있다는 이 나라의 2인자를 등에 업고 있는 이용호의 상황이 이상하리만치 위태로워 보였던 것이다. 아닌 게 아니라, 실제로 그때 이용호는 스스로 자신의 무덤을 파고 있었다는 사실이 나중에야 밝혀진다. 그리고 그와 함께 내 인생의 앞길에도 어두운 먹구름이 드리우고 있었다.

'이용호 긴급체포 사건'의 여운이 채 가시지 않은 2000년 5월 25일에 이용호가 갑자기 광주로 나를 찾아왔다. 그는 나를 찾아오자마자 통사정을 하기 시작했다.

당시 이용호는 여러 곳의 상장 회사를 싸게 인수해서 그럴듯하게 포장한 뒤 주식 가격이 오르면 되팔아서 주식 거래가의 차액을 챙기는 방법으로 큰 수익을 얻고 있었다. 그런데 그가 서울지검에 긴급체포 되고 난 뒤로 그가 인수한 회사들의 주식 가격이 급격히 하락하기 시작했다. 그렇지 않아도 소문에 민감하게 반응하는 주식 시장에서 경영자가 검찰에 긴급체포 되었다는 사실은 악재 중의 악재였다.

문제는 주식 가격이 떨어진 것에만 있지 않았다. 서울지검에 이용호에 대한 진정을 넣었던 강영구가 이용호의 회사 주식 가격이 하락한 틈을 노리고 무서운 속도로 주식을 매입하면서 지분을 넓히고 있었던 것이다. 모든 것이 이용호로부터 배운 수법이었다. 이용호는 어렵게 인수한 회사의 경영권을 빼앗길지도 모르는 위기 상황에 몰려 있었다. 그런 때에 현금 동원력이 있는 나를 찾아온 것이었다.

현재의 상황을 나에게 털어놓은 이용호는 다짜고짜 매달렸다.

"그러니 형님이 우리 회사 주식을 20억~30억 원어치만 사주십시오. 지금은 가격이 형편없이 떨어졌지만, 지금 사두시면 나중에 네 배, 다섯 배 오를 것입니다."

사실 그 무렵에 나는 이미 이용호에게서 마음이 떠나 있었다. 아무리 높은 수익을 안겨다준다고 하지만, 인간적인 실망감을 안겨준 이와 계속 관계를 유지한다는 것은 나의 자존심이 허락하지 않았다. 그런데 일이 잘못되려고 그랬던지 당시 나는 이용호와 묘한 상황에 얽혀 있었다.

이용호가 구속되기 전 나는 그의 제안에 따라 삼애실업이라는 기업의 전환사채Convertibal Bond, 보통 'CB'라고 하며, 일정한 조건에 따라 채권을 발행한 회사의 주식으로 전환할 수 있는 권리가 부여된 채권 20억 원어치를 매입한 적이 있었다. 당시 2만 5,250원에 발행한 CB를 250원 할인한 가격인 2만 5,000원에 8만 주, 즉 20억 원어치를 사들였던 것이다. 나에게 그 CB를 구입하라고 제안할 당시 이용호는 나중에 주식이 10만 원까지 갈 거라고 큰소리를 쳤다. 실제로 그 CB는 내가 매입한 지 얼마 지나지 않아 가격이 5만 원까지 오르기도 했다. 그랬는데 이용호가 서울지검에 긴급체포 되면서 가격이 급격히 떨어지기 시작했던 것이다.

이용호가 긴급체포 된 뒤 법원 앞 찻집에 모였던 사람들 대부분이 그랬던 것처럼 나 역시 이용호가 구속을 피할 수 있으리라고는 생각하지 않았다. 그래서 삼애실업 CB의 가격이 더 떨어지기 전에 처분하고 말았다. 약 8억 원 정도의 손실을 보았다. 그랬는데 느닷없이 이용호가 풀려나온 것이었다. 나로서는 입장이 난처하지 않을 수 없었다. 나는 정당하게 처분을 한 것이지만, 결국 주식 가격을 떨어뜨리는 데 나도 일조한 셈이 되어버렸기 때문이다.

검찰에서 풀려나온 이용호도 그런 사실을 알고는 섭섭한 마음을 드러냈다.

"형님, 조금만 더 기다렸으면 괜찮았을 텐데, 왜 그걸 파셔 가지고……."

나는 손해는 손해대로 보고 이용호에게도 떳떳하지 못한 상황에 처하고 만 것이었다. 바로 이처럼 미묘한 상황 속에서 이용호가 자기네 회사의 주식을 사달라고 통사정을 하기 위해 나를 찾아왔다. 그렇다고 해서 상황에 이끌려 무작정 20억 원이라는 큰돈을 투자할 수는 없었다. 무엇보다도 나는 더 이상 이용호와 거래를 하고 싶은 마음이 없었다.

이리저리 생각을 해보다가 이번에는 내 쪽에서 이런 제안을 했다.

"이보게, 나는 주식에 대해서 잘 모르고 나하고는 생리에 맞지도 않는 것 같으이. 그래서 내가 손해를 보면서 팔아버린 것 아니겠나? 그러니 자네도 네 배 오른다, 다섯 배 오른다, 그런 말 하지 말게. 차라리 내가 돈을 20억 원 빌려주겠네. 하지만 상황이 위험한 만큼 두 배는 보장하게. 그러면 앞서 투자했다가 8억 원 손해 본 것도 좀 만회하고 투자 수익도 좀 챙기려네. 큰 욕심 안 부릴 테니, 나중에 주식으로 이익이 생기면 그건 자네 몫으로 하게."

그러자 이용호는 크게 반색을 했다. 자신의 상황이 어려웠던 만큼 내게서 돈을 빌리기가 쉽지 않을 것이라 생각한 모양이었다. 하지만 내가 내건 조건은 그것만이 아니었다.

"그러니 내가 투자한 20억 원에 대한 보증으로 40억 원짜리 어음을 발행해주게."

"그렇다면 형님, 차라리 한 30억 원쯤 투자하시죠?"

"당장 그럴 여유는 없다. 20억 원만 할게."

"나중에 30억 원 투자하지 않은 걸 후회하지나 마세요."

이용호는 투자금 20억 원을 확보해서 꽤 기분이 좋아 보였다. 그러면서 거듭 나에게 고마움을 표시했다.

내가 받은 어음은 비상장 회사인 데다 개점휴업 상태에 있던 대우밸브라는 회사의 것이었다. '대우'라는 이름이 붙어 있지만 대우 그룹과는 아무런 상관이 없는 업체였다. 잘못하다가는 휴지 조각이 될 수 있는 어음이었다. 그래서 나는 그 어음에 상장 회사인 삼애실업의 이서를 받도록 했다. 어음은 대우밸브의 것이지만, 지불 보증은 삼애실업이 한 것이었다.

그리고 그로부터 100일 뒤 어음이 결제되고, 나는 20억 원을 챙겼다. 이로써 전에 CB에 투자했다가 8억 원 손해 본 것을 만회했을 뿐만 아니라, 이자 비용을 감안하더라도 꽤 높은 수익을 올린 셈이었다. 이용호 역시 내가 빌려준 돈으로 큰 위기를 넘길 수 있었다. 나는 나대로 수익을 올렸고, 이용호는 이용호대로 위기를 넘겼다. 1997년부터 시작된 우리의 돈거래는 그렇게 마무리되었다.

이용호와 나 사이에서 '돈'이라는 매개체가 사라지자 그와 나는 완전히 남남이 되었다. 아니, 차라리 모르고 지내는 것만 못한 관계가 되고 말았다.

내가 그를 처음 만난 것이 1990년이었다. 벌써 십년지기가 되었건만 사업과 돈거래로만 엮인 관계란 언제든 깨질 수 있는 유리 같은 것이었다.

이용호는 언제나 나에게 깍듯했다. 서울에서 사업가로 승승장구하던 때에도 내가 전화를 걸면 회의 중에도 내 전화를 받았다. 그리고 모처럼 사업차 서울에 갈 일이 있으면 굳이 내가 있는 곳으로 찾아와 회포를 풀고는 했다. 그랬는데, 어느 순간부터인가 그는 달라지기 시작했다. 슬슬 나를 피하는 눈치였고, 나와 동석한 자리에서도 거드름을 피우며 나를 한 수 아래로 여기는 것만 같았다. 사람이 성공을 하고 나면 거기에 맞는 대접을 해주어야 하는데, 나는 그러지 못했다. 그가 다른 사람 앞에서는 회장으로 군림할지라도 내 앞에서는 여전히 '동생'으로 남아 있기를 원했다. 그래서 그즈음 이용호에게 나는 참으로 불편한 사람이었을 것이다. 자신이 이루어놓은 위치에서 수많은 사람을 거느리며 마치 왕자처럼 행세하고 있었지만, 내 앞에만 서면 그는 주눅이 들고는 했을 것이다. 그것은 내가 자신의 어리숙하던 시절의 모습을 기억하고 있기 때문이기도 했을 것이고, 나에게 사람을 함부로 대하기 힘든 기묘한 전력이 있기 때문이기도 했을 것이다. 그리고 '회장'이 된 뒤로 이용호는 '조폭 출신의 지방 사업가'에게 머리를 조아려야 하는 상황 자체를 굉장한 굴욕으로 생각하기 시작한 것 같았다. 그런데 그렇게 소원하게 지내다가도 필요하다 싶을 때 이용호는 간도 쓸개도 빼줄 것처럼 굴었다. 아무리 높은 수익을 가져다주는 사업 파트너라 할지라도 이건 아니다 싶었다. 나는 돈과 수익을 좇는 사업가이지만, 상대방에게 인간적인 실망을 느끼면서까지 거래를 계속 하고 싶지는 않았다. 그래서 다시는 그를 보지 않을 작정을 하고 나는 마음속에서 그를 밀어내기 시작했다. 그런 내 마음을 알아차렸는지 마지막 돈거래를 하고 난 이후로는 그도 나에게 연락을 하지 않았다.

　이후로 나와 이용호의 관계를 알고 있는 사람들이 그에 대해서 물어오면 나는 좋은 이야기를 해줄 수가 없었다. 내가 하고 있는 이야기가 고스란히 그의 귀에 들어갈 것이란 사실을 알고 있었지만, 나는 조금도 그를 좋게 말하고 싶지 않았다. 그것은 이용호도 마찬가지였다. 사람들에게 내 악담을 하고 다닌다는 소문이 내 귀에 들려왔다.

　그러던 어느 날, 이용호와 함께 주식 시장에서 주가 장난을 치던 이들 가운데 김종찬과 정영로라는 두 사람이 나를 찾아왔다. 한때 이용호 밑에서 일하며 그의 수법을 고스란히 익힌 그들이 이용호의 적이 되어 내 앞에 나타난 것이었다.

　서울의 주식 시장에서는 '광주의 여운환'이 많은 자금을 대주어서 이용호가 그렇게 클 수 있었다고 생각하는 사람들이 더러 있었다. 일종의 숨겨진 대부라고나 할까……. 그렇게 생각하는 사람이 있는 것도 무리가 아닌 것이, 이용호가 위기에 처할 때마다 적절하게 돈을 빌려주어 힘든 상황을 타개하도록 만들어준 것이 나였고, 게다가 이용호 자신이 곤란한 상황에 처할 때마다 '조폭 두목' 운운하며 나와 막역한 사이라는 점을 과시하고 다녔기 때문이었다. 그러던 차에 나와 이용호의 사이가 벌어졌다는 사실을 소문으로 들은 김종찬과 정영로가 이용호에게서 등을 돌리고는 나를 찾아와 투자를 제안한 것이었다.

　그들은 내가 투자한 자금과 다른 곳에서 융통한 투자금을 합쳐 '실탄'을 마련한 뒤에 이용호가 모 투자금융회사를 인수하는 프로젝트에 경쟁자로 뛰어들었다. 결국 그들 때문에 이용호는 그 프로젝트에서 물을 먹고 말았다. 이용호의 분노가 어땠을지는 보지 않아도 알 수 있었다. 그리고 그의 분노는 고스란히 나에게로 향했다. 내가 투자한 돈이라 해보았자 그 회사를 인수하는 데 들어간 돈의 극히 일부에 지나지 않았지만, 이용호는 내가 그들을 뒷받침해주어서 자신이 실패를 했다고 크게 오해를 한 모양이었다. 이후로 나를 적으로 간주한 이용호는 사람들을 만날 때면 대놓고 나를 비난하거나 저주하고 다녔다.

실제로 이용호는 나에게서 돈을 융통해서 이권을 가로챈 김종찬을 만난 자리에서 이렇게 말했다고 한다.

"내가 여운환을 죽인다. 여운환을 죽이는지, 못 죽이는지 두고 봐라."

이제 이용호와 나의 관계는 더 이상 돌이킬 수 없을 정도로 악화되고 말았다. 한마디로 '적'이 된 것이었다.

그러는 사이 이용호는 대한민국에서 사업하는 사람이라면 누구나 알 만큼 유명세를 탔다. 모 방송국에서는 그를 특집으로 하는 프로그램을 편성하기까지 했다. 한마디로 이용호는 IMF를 벗어난 새로운 대한민국의 다이내믹한 성공시대를 열어가고 있는 젊은 사업가의 상징 같은 이미지를 구축하고 있었다. 심심찮게 방송에 출연하고 연일 신문지상에 오르내렸으며, 청와대 영빈관에서 대통령과 함께 헤드 테이블에 앉아 와인 잔을 부딪치기도 했다.

하지만 나는 알고 있었다. 그것이 얼마나 부풀려지고 포장된 모습인지를. 이용호는 겉으로는 여러 개의 사업체를 거느린 '회장'으로 보였지만 실상을 파고들어가 보면 아무런 실체도 없는 허상 위에 불안하게 흔들리며 서 있는 존재였다. 그런데도 대중을 상대로 그와 같은 이미지를 만들어내는 것을 보면서 나는 그에게서 영락없는 '사기꾼'의 모습을 발견하고는 했다. 하지만 그가 무슨 짓을 하고 다니든 이제 나와는 상관없는 일이었다.

이용호와 나의 이야기가 여기까지였더라면 얼마나 좋았을까?

이용호는 몰락할 수밖에 없는 운명이었다. 번듯한 사업가라는 이미지를 구축하고 있었지만, 사실 그는 사업가라기보다는 사기꾼이었다. IMF라는 국가 부도 사태에서 일시적으로 어려움을 겪고 있는 기업들의 주식을 대량 매수하여 경영권을 빼앗은 뒤 주가를 조작해서 주가를 부풀리고는 그 기업을 되파는 수법으로 부를 쌓고 있었던 것이다. 심지어는 어려움에 처한 기업의 CEO에게 회사를 정상화시켜주겠다고 접근해서는 경영권을 빼앗는 파렴치한 짓을 하기도 했다. 그것은 엄연한 범죄 행위였지만 머리가 비상했던 그는 모든 서류를 자신에게 유리하게 꾸며놓아 법망을 요리조리 피해 다녔다. 그리고 그와 같은 범법 행위가 겉으로 드러나지 않게 만들기 위해서는 힘 있는 자들을 비호 세력으로 두어야 했다. 하지만 그런 비정상적인 방법과 부적절한 관계는 결국 꼬리가 드러나는 법이다.

하지만 나는 전혀 알지 못했다. 아니, 털끝만큼도 생각하지 못했다. 그의 몰락이 곧 나의 몰락이 되리라고는……. 나도 모르는 사이에 그가 만들어놓은 함정은 결국 나의 삶을 다시 한 번 절망의 구렁텅이로 몰아넣고 말았다.

이제 세인들에게 '이용호 게이트'라고 알려진 사건의 전말을 내가 겪은 한에서 이야기하려 한다. 사실 이용호 게이트는 세간에 알려진 것처럼 그렇게 복잡한 사건이 아니다. 더군다나 특별검사를 탄생시킬 만큼 대단한 일도 아니었다. 그런데 그 일이 왜 그렇게 부풀려졌을까? 내가 이 책의 시작에서 프랑스의 '드레퓌스 사건'을 들었던 것이 바로 그 때문이다.

이제부터 내가 들려드릴 이야기 가운데 내가 직접 경험하지 못한 일들은 모두 특검의 조사 결과를 바탕으로 하고 있다. 따라서 이야기의 대부분은 이미 매스컴을 통해서 알려진 것들로, 그다지 새로울 것이 없다. 하지만 독자들께서 파편적인 뉴스 보도를 가지고 하나의 줄기로 엮어내기란 대단히 힘든 일이다. 그러니 독자들께서는 내가 들려주는 이야기에 먼저 귀를 기울이고, 사실 여부를 확인하고 싶을 때 과거의 뉴스 보도를 참조하기를 바란다.

3

또다시 파국으로 치닫다

이용호 게이트를 둘러싼 복잡한 상황들

시간이 많이 지난 뒤에 생각해보았다. '이용호 게이트'의 뿌리는 과연 어디서 시작되었을까? 어디서부터 이 희대의 촌극이 시작되었을까? 곱씹고 곱씹고 또 곱씹은 다음 내가 내린 결론은 '신응준'이었다. 이 사건의 전체적인 그림을 그려보았을 때, 어느 부도덕한 사업가를 횡령과 배임으로 처벌하는 것으로 끝날 수 있었던 일이 국가 기관과 김대중 정부의 근간을 뒤흔들 만큼 큰 사건으로 비화된 데에는 바로 이용호와 신응준의 만남이 있었던 것이다.

신응준은 서울대학교를 나온 재원이었다. 하지만 사업을 하다가 크게 부도를 내고 신용불량자가 된 뒤로 방황의 나날을 보내고 있던 차에 이용호의 스카우트 제안을 받아들여 그와 한 배를 타게 되었다.

마치 프로구단이 선수를 영입하면서 큰 액수의 사이닝보너스를 지급하는 것처럼 이용호는 신응준을 영입하면서 5,000만 원의 계약금을 지불하고, 매달 판공비 조로 800만 원을 지급할 뿐만 아니라 한도액이 꽤 높은 신용카드를 주겠다고 약속했다(나중에 밝혀진 바에 의하면 이용호는 신응준에게 판공비를 단 두 번만 주었다고 한다). 스카우트 제안을 수락하면 5,000만 원을 일시불로 지급받고 이후로 매달 800만 원을 보장받는다는 것은 꽤 괜찮은 조건이었다. 사업에 실패한 뒤 전전긍긍하고 있던 신응준으로서는 이용호가 내민 손을 뿌리친다는 것이 쉽지 않았을 것이다.

그런데 이용호는 왜 사업을 부도내고 신용불량자로 전락한 신응준을 그처럼 거금을 주고 영입했을까? 그 이유는 조금 뒤에 밝히도록 하겠다.

신응준을 영입하고 오래지 않아 이용호는 대검찰청 중앙수사부에 의해 횡령과 증권거래법 위반 등의 혐의로 기소된다. 미스터리한 사실은 어떻게 이용호 같은 '잡범'을 대검 중수부에서 조사하겠다고 나섰느냐 하는 점이다. 대검 중수부는 공직자와 정치인의 비리 사건, 재벌 그룹의 탈세 및 횡령·배임 사건 등을 다루는 검찰 내의 최상위 조직이다.

당시 이용호는 매스컴에 여러 번 등장하면서 세인들에게 성공한 젊은 사업가로 부각되어 있었지만, 사실 제대로 된 사업가라고 하기에는 부끄러운 면면이 너무도 많았다. 기업계에서도 그런 사실을 잘 알고 있었기 때문에 이용호가 매스컴에 오르내리는 것을 두고 진짜 기업가들은 콧방귀도 끼지 않았다고 한다. 겉으로 드러난 것과 실상이 달라도 너무 달랐던 것이다. 대검찰청이 그러한 사실을 모를 리 없었다. 그런데도 이용호 같은 '잡범'이 어떻게 해서 대검 중수부의 조사를 받는 '특전'을 누릴 수 있었을까? 그 원인이 바로 '신응준'에게 있었다.

신응준은 당시 검찰 조직의 수장이었던 신응균 검찰총장의 친동생이다. 사업을 부도내고 신용불량자로 전락한 신응준을 이용호가 영입한 데에는 모두 이와 같은 배경이 있었던 것이다. 일전에 서울지검 검사장의 친조카를 직원으로 데리고 있었던 것과 마찬가지로, 현 검찰총장의 친동생이 자신의 직원으로 일한다는 사실을 과시하는 것과 더불어 그를 로비스트로 활용하려는 것이었다. 그리고 만약의 사태에 대비하여 방패막이로 쓰겠다는 의중도 깔려 있었을 것이다.

이용호는 이 외에도 당시의 서울지검 검사장을 포섭하여 자신의 든든한 후견인으로 두었을 뿐 아니라 국정원 경제단장 역시 배후 세력으로 두고 있었다. 그리고 당시 영부인이었던 이휘호 여사의 친조카인 이경필 씨와 아태재단 상임이사이자 김대중 대통령의 최측근인 이수동 씨도 자신의 배후 세력이라고 떠벌리고 다녔다. 이경필 씨는 금융기관에 영향력을 행사할 수 있는 예금보험공사의 전무를 지낸 인물이고, 이수동 씨는 앞에서 밝힌 것처럼 정계 굵직한 요직의 인사권에 영향을 미칠 수 있는 국민의 정부 실세였다.

이처럼 정치계와 법조계의 막강한 인사들과 인연을 맺은 이용호는 웬 만한 범법 행위에 대해서는 면죄부를 받을 수 있을 것이라는 확신에 차 있었다. 그는 돈이면 모든 것을 해결할 수 있고, 돈으로 할 수 없는 일은 없다고 굳게 믿고 있었다. 이용호에게는 돈이 곧 힘이었다. 때문에 그는 더욱 돈에 매달렸고, 더 많은 돈을 벌기 위해 숱한 범법 행위를 저질러 야 했다. 그리고 그러한 범법 행위를 무마하기 위해서는 다시 돈이 필요 했다. 악순환이 끊임없이 되풀이되고 있었던 것이다.

그 무렵 청와대 민정실에서는 이용호를 주목하고 은밀히 내사를 진행 하고 있었다. 민정실은 과거의 암행어사와 비슷한 역할을 하는 대통령 직속 기관으로, 각계각층에서 일어나는 비리와 부패를 단속하고 고발하 는 일을 수행한다. 이 청와대 민정실에 이용호가 청와대를 팔고 다닌다 는 첩보가 들어갔고, 청와대는 이용호가 이수동, 이경필 씨 등의 이름을 들먹이며 부당한 방법으로 사업을 진행하고 있다는 점을 확인한 상황이 었다. 대통령의 최측근과 처조카가 관련된 민감한 사안인 만큼 기소권 과 수사권을 가진 검찰 조직의 수장 신응균 총장에게도 이용호라는 이 름이 흘러들어가지 않을 수 없었다.

그런데 신응균 총장에게 이용호는 생소한 인물이 아니었다. 과거에 신응균 총장은 광주지검에서 근무하며 고^故 이정일 씨와 친분을 나눈 적이 있었다. 이정일 씨를 기억하는가? 내가 국제-PJ파 '두목의 고문급 간부'라는 죄명으로 수형 생활을 할 당시 이용호에게 자금을 지원하여 주택회사와 건설회사를 경영하도록 했던 사람이다. 2선 국회의원을 지냈으며, 전남일보의 회장으로 있었던 광주·전남 지역의 유력 인사였다. 하지만 결국 그는 이용호가 당좌수표 부도를 내면서 크게 피해를 보았다. 당시의 이 일은 고^故 이정일 씨와 막역한 사이였던 신응균 총장의 귀에도 들어갔고, 그는 이용호라는 이름을 기억 한 구석에 새겨두고 있었다.

하지만 이용호 같은 피라미는 대검찰청이 다룰 만한 대상이 아니었다. 그런데 신응균 총장의 귀에 청천벽력 같은 정보가 들어갔다. 자신의 친동생이 이용호의 로비스트로 활동하고 있다는 내용이었다. 이용호를 체포할 것을 지시하기 전에 신응균 총장은 자신의 동생이 이용호와 어디까지 연결되어 있는지 알아야만 했다. 그래서 자신의 측근을 신응준에게 보내어 이용호와의 관계를 알아오도록 했다. 하지만 신응준은 이용호를 만난 적은 있지만 그와 일을 한 적도 없고 아무런 관계도 아니라고 잡아뗐다. 물론 신응균 총장은 동생의 거짓말을 액면 그대로 받아들이지 않았다.

여기서 나는 왜 대검 중수부가 이용호를 조사하게 되었는지, 그리고 신응균 총장이 왜 중앙수사부장을 거치지 않고 중수부 3과에 이 사건을 맡겼는지 내 나름 시나리오를 구상해보았다.

신응균 총장은 횡령, 증권거래법 위반 등의 혐의로 이용호를 긴급체포 할 계획을 세웠다. 하지만 사건을 서울지검으로 이관할 경우, 이용호는 기소되지 않고 풀려나올 것이 불을 보듯 빤했다. 당시 서울지검의 검사장이 이용호의 배후 세력이라는 사실을 신응균 총장도 파악하고 있었던 것이다. 때문에 신응균 총장은 이용호 사건을 대검 중수부에서 직접 맡도록 했다.

문제는 그 다음이었다. 이용호가 기소될 경우, 동생 역시 처벌을 피할 수 없는 상황이었다. 관건은 동생의 처벌을 얼마나 가볍게 하느냐하는 것이었다. 그래서 신응균 총장은 당시 대검 중앙수사부장이었던 유창종 씨를 거치지 않고 직접 중수부 3과에 사건을 넘긴 것이 아닐까? 그렇게 하면 사건을 자신이 직접 컨트롤할 수 있다고 생각했던 것이 아닐까?

내가 이용호 게이트의 뿌리를 이용호와 신응준의 만남에 두는 이유가 바로 이것이다. 이런 여러 가지 상황이 복잡하게 얽히면서 신응균 총장은 이용호 사건을 자신의 직속 부대에 맡겼고, 결국 이 일은 사건을 맡은 대검 중수부 3과 과장검사의 공명심과 결합되어 화학반응을 일으키면서 어느 누구도 예측하지 못한 방향으로 연쇄 폭발을 일으키게 된 것이다.

2001년 9월 2일, 대검 중수부는 특정경제범죄가중처벌법상 횡령 및 증권거래법 위반 혐의로 이용호를 체포하여 구속했다. 처음 대검 중수부에 체포되었을 때 이용호는 아찔했을 것이다. 서울지검에 체포되었다면 서울지검 검사장이 손을 써볼 수 있었을 테지만, 대검 중수부는 검찰총장의 동생을 직원으로 데리고 있다는 것 외에는 특별한 연줄이 없었기 때문이다.

이용호 사건을 맡은 담당 검사는 대검찰청 중앙수사부 3과의 과장인 김찬규 검사였다. 그는 '독사'라는 별명이 말해주듯 검찰 조직 내에서도 대단히 공격적인 사람으로 정평이 나 있었다.

중수부의 원래 전략은 이용호를 횡령과 증권거래법 위반 등의 혐의로 기소하고, 혐의에 대한 증거를 확보한 뒤 재판에 회부하여 실형을 살도록 하는 것이었다. 지금까지 숱한 범죄를 저지르고도 아직 제대로 된 법의 심판을 받아본 적이 없었던 이용호에게 본때를 보여주자는 의도였다.

하지만 이용호 역시 만만치 않은 사기꾼이었다. 그리고 이미 여러 차례 검찰에 기소되어 조사를 받는 과정에서 어떻게 하면 법망을 피해갈 수 있는지에 대해서도 훤히 꿰뚫고 있었다. 지금까지 숱한 범법 행위에 대한 혐의를 받고도 제대로 된 처벌을 받지 않았던 것은 법조계와 정치계의 비호 세력들이 힘을 쓴 덕을 본 것이라기보다는 이용호 그 자신이 철저하게 준비를 해두었기 때문에 가능한 일이었다. 각계각층에 아무리 비호 세력이 많다 한들 혐의에 대한 명백한 증거가 드러난다면, 비호 세력들도 힘을 쓰는 데 한계가 있을 수밖에 없다. 그리고 여차하면 매몰차게 등을 돌리는 것이 또한 그런 사람들의 습성이다.

때문에 '독사' 김찬규 검사가 이용호를 조사했지만 뚜렷한 혐의점을 제대로 찾을 수가 없었다. 명백하게 죄를 물을 수 있는 겉으로 드러난 사안들도 있었지만 그런 범법 행위들이야 가벼운 처벌만으로 끝날 수 있는 잔챙이 범죄들이었다. 이 사건이 대검 중수부에 이관되었다는 사실은 그에 걸맞은 결과를 내야 한다는 것을 의미했다. 그렇다고 무작정 사람을 붙잡아둘 수도 없는 노릇이었다. 이용호 역시 버티기 작전에 들어갔다. 대검 중수부의 조사가 끝나고 법원으로 사건이 넘어가면 어떻게든 수를 써서 풀려날 자신이 있었던 것이다.

김찬규 검사는 처음부터 다시 하나하나 이용호와 관련된 사안들에 대해서 조사를 진행했다. 그러던 중 2000년 5월의 일이 김찬규 검사의 눈에 띄었다. 한때 이용호의 동료였던 강영구와 심영복이 제공한 '비밀 장부'라는 확실한 증거를 잡고 서울지검이 이용호를 긴급체포 하고도 하루 만에 풀어주었던 바로 그 일이었다. 김찬규 검사는 의아했다. 어떻게 이런 일이 가능했을까……. 긴급체포령이 떨어지고 압수수색영장이 발부되었다면 누가 보더라도 구속을 면할 수 없는 사안이었다. 도대체 이용호라는 사람이 어떤 인물이기에 이런 일이 가능했단 말인가……. 이것은 막강한 비호 세력이 없다면 불가능한 일이다!

횡령과 증권거래법 위반으로 이용호를 잡아넣으려던 처음의 계획이 틀어지는 순간이었다. 만약 2000년 5월의 일이 어떤 식으로든 조사가 진행되고 어떠한 형태로든 결말이 났다면 일사부재리의 원칙에 따라 다시 다룰 수 없는 사건이었지만, 당시 그 사건은 '입건 유예'로 처리가 되어 담당 검사가 바뀔 경우에는 재조사를 할 수 있는 여지가 남아 있었다.

이후부터 김찬규 검사는 2000년 5월에 서울지검에서 쉽게 풀려날 수 있었던 배경에 대해서 이용호를 집중 추궁하기 시작했다.

"2000년 5월 당시에 서울지검에서 입건 유예가 되도록 힘을 써준 사람이 누구인가?"(이 대사는 정황상 작가가 상상하여 쓴 것이다)

이용호와 김찬규 검사 사이에 오간 법정의 대화 기록을 보면, 처음에 이용호는 묵묵부답으로 일관한 것으로 보인다. 그런데 이용호의 사무실에서 압수해온 서류들 중에 구겨진 종이 한 장이 발견되면서 사건은 예기치 못한 상황으로 튀고 만다.

그 종이에는 이렇게 적혀 있었다.

검찰 일을 봐준다고 가지고 간 40억 원을 돌려주시기 바랍니다.

대검 중수부의 압수수색 과정에서 발견된 그 종이쪽지는 나도 알고 있는 것이었다.

독자 여러분께서는 앞서 이용호가 모 투자금융회사를 인수하는 프로젝트에서 김종찬과 정영로라는 경쟁자에게 밀려 물을 먹었던 일을 기억할 것이다. 이용호는 그들에게 자금을 댄 사람이 나라고 생각하고 김종찬을 만난 자리에서 이렇게 엄포를 놓았다.

"내가 여운환을 죽인다. 여운환을 죽이는지, 못 죽이는지 두고 봐라."

그 종이쪽지는 그 자리에서 만들어진 것이었다. 마지막 돈거래를 하면서 20억 원을 빌린 대가로 20억 원의 이자를 주었던 일이 이용호로서는 내내 속이 상했던 모양이었다. 이용호는 김종찬이 보는 앞에서 내게 도전장을 작성하듯 종이에 그렇게 쓰고는 나에게 내용증명을 보낼 것이라고 말했다. 이용호는 김종찬 앞에서 자신을 과시하기 위해 종이쪽지에 그런 글을 썼지만, 결국 그 종이쪽지는 이용호의 책상 서랍에 처박혀 있었다.

훗날 김찬규 검사가 '내용증명'이라고 말한 종이쪽지의 전말은 이게 전부다. 그 종이는 내용증명서로서의 형식을 취하지 않았을뿐더러 공증을 받은 것도 아니었다. 하지만 2000년 5월에 이용호가 서울지검에서 쉽게 풀려난 것에 대해 추궁하던 김찬규 검사에게 그 종이쪽지는 '내용증명서' 그 이상의 것으로 여겨졌을 것이다.

김찬규 검사가 '내용증명'을 눈앞에서 흔들어대며 돈을 받은 사람이 누구냐고 더욱 강력하게 추궁하자, 마지못한 듯 이용호가 입을 열었다.

"여운환이라는 사람이오. 내가 로비 자금으로 여운환에게 돈을 주었소."

여운환!

오래전에 각인되어 오랫동안 김찬규 검사의 머릿속에서 지워지지 않고 있던 바로 그 이름이었다!

나의 비극은 김찬규 검사가 나에 대해 너무나도 부풀려진 이미지를 갖고 있었던 것에서 시작되었다.

〈Part 1〉에 등장한 송진규 검사를 기억하실지……. 홍준표 검사에 의해 나의 비호 세력으로 몰렸던 사람이다. 바로 그 송진규 검사가 광주지검에서 근무하다가 서울지검 특수3부로 자리를 옮긴 적이 있었다. 그런데 송진규 검사가 서울지검 특수3부로 영전할 수 있도록 힘을 쓴 사람이 바로 나였다.

상무대에서 방위 생활을 할 때부터 인연을 맺어온 송진규 검사가 광주지검으로 발령되어 왔을 때, 참 반가웠다. 그래서 자주 만나 이야기를 나누면서 친분이 더욱 두터워졌다. 그러다가 송진규 검사의 광주지검 임기가 거의 끝나갈 무렵 내가 어디로 가고 싶으냐고 물었다. 송진규 검사는 당연히 서울로 가고 싶다고 했다.

마침 내 친구의 아버지 친구가 당시 법무부 장관을 하고 있었다. 송진규 검사를 돕고 싶었던 나는 친구에게 법무부 장관을 뵐 수 없겠느냐고 부탁했다. 어렵게 줄이 닿아 약속을 정하고 법무부 장관을 만나기 위해 서울로 향했다. 법무부 장관을 만난 자리에서 나는 송진규 검사 얘기를 하며 좋은 자리로 발령이 날 수 있도록 도와달라고 부탁했다. 지금의 사회 분위기와는 달리 당시만 해도 줄만 있다면 그런 부탁을 할 수도 있었다. 물론 주제 넘는 짓이었지만, 내가 좋아하고 아끼는 사람을 위해서라면 내가 할 수 있는 일은 다하고 싶었던 젊은 날의 나는 그게 주제 넘는 짓이라고 생각하지 않았다. 다행히 법무부 장관께서는 내 부탁을 거절하지 않으시고 송진규 검사를 법무부로 들이겠다고 약속해주었다. 법조계 공직자라면 누구나 가고 싶어 하는 자리였다. 하지만 송진규 검사는 한사코 서울지검에 가고 싶다고 했다. 그래서 법무부 장관의 배려로 송진규 검사는 자신이 원했던 서울지검의 특수3부로 갈 수 있었던 것이다.

송진규 검사가 서울지검 특수3부의 수석검사로 일하던 시절, 김찬규 검사는 평검사로 송진규 검사 밑에서 일했다. 에둘러서 말하는 법을 몰랐던 송진규 검사는 사석에서 김찬규 검사와 이야기를 나누면서 자신이 서울지검으로 올 수 있었던 것이 다 광주에 있는 동생 덕분이라고 털어놓은 모양이었다. 그 자리에서 김찬규 검사는 '여운환'이라는 이름을 처음으로 접하게 된다.

시간이 흘러 김찬규 검사가 천안지청에서 근무할 때였다. 내 친구 중에 김종구라는 이가 있는데, 이 친구가 천안지청 관할 지역에서 무허가

오락실을 하다가 걸렸다. 그 사건을 맡은 이가 공교롭게도 김찬규 검사였다. 그 소식을 듣자마자 나는 송진규 검사에게 연락해서, 친한 친구 녀석이 어리석은 짓을 하다가 걸렸는데 도와줄 수 없느냐고 부탁했다. 내 부탁을 거절할 수 없었던 송진규 검사는 천안지청의 김찬규 검사에게 전화를 걸어 김종구에 대한 선처를 부탁했다. 내가 예전에 광주지검에서 서울지검으로 오도록 도움을 주었던 여운환의 간곡한 부탁이라는 말까지 덧붙여서…….

결국 친구는 가벼운 벌금형을 받는 것으로 풀려났다. 사실 이것 역시 나로서는 참으로 주제 넘는 짓이었다. 법을 어겼으면 처벌을 받는 것이 당연하다. 하지만 김종구는 나의 막역한 친구였기에 그냥 넘어갈 수가 없었다. 그것이 나중에 책잡힐 일이 된다 할지언정 우선 도울 길이 있으면 물불 가리지 않고 도우려고 했던 것이 내 젊은 날의 성정이었다. 감히 가슴에 손을 얹고 밝히건대, 송진규 검사를 위해 법무부 장관을 만나면서도 나중에 송진규 검사 덕을 보겠다는 계산은 눈곱만큼도 하지 않았다. 그리고 송진규 검사에게 부탁을 하면서도 예전에 내가 당신을 도왔으니 이번에는 당신이 나를 도와달라는 식의 채권의식도 전혀 없었다. 다만 내가 도울 수 있는 길이 있다면 한번 노력이라도 해보자는 생각뿐이었다. 나로서는 아무런 덕 될 게 없는 일이었지만, 가만히 있을 수만은 없었던 것이다.

그런데 이런 일들이 벌어지는 과정에서 김찬규 검사의 머릿속에는 '여운환'이라는 사람에 대한 이상한 이미지가 만들어졌다. 법무부 장관과 줄이 닿아 있는 사람, 현직 검사의 다음 발령지에 영향을 미칠 수 있는 사람, 범법자의 처벌 정도를 낮추기 위해 사람을 동원할 수 있는 인물……. 김찬규 검사에게 여운환은 광주에 있는 일개 사업가가 아니라, 각계각층에 줄이 닿아 있는 막후 실력가로 비쳐졌을 것이다. 그러던 중에 내가 홍준표 씨에 의해 호남 최대 폭력조직의 두목으로 둔갑했을 때 김찬규 검사는 또 어떤 생각을 하게 됐을까? 나에 대해서 어떤 또 다른 이미지를 갖게 되었을까? 그런데 시간이 지나 이용호를 추궁하는 자리에서 뜻밖에도 '여운환'이라는 이름과 다시 마주하게 된 것이다.

"여운환이라는 사람이오. 내가 로비 자금으로 여운환에게 돈을 주었소."

이용호의 이 말을 김찬규 검사는 백 퍼센트 믿을 수밖에 없는 상황이었다. 그리고 이것이 '이용호 게이트'의 도화선이 되었다. 작가와 원고 작업을 하며 이때를 돌이켜보니, 모든 정황이 너무나도 드라마틱하게 딱딱 맞아들어 소름이 돋는다.

그런데 이용호는 왜 그 같은 거짓말을 했을까? 이용호 게이트에 연루되어 조사를 받고 재판을 받으면서도 내내 이 질문을 던졌다. 사실 답은 쉽게 나왔다. 실제로 그가 나와 돈거래를 하면서 40억 원짜리 어음을 발행했고, 그 자신이 서울지검에 기소되었을 때 내가 김병준 씨와 신동섭 변호사를 만나 그의 구명을 위해 '로비'를 했던 것도 사실이다. 나중에야 나의 이 행위가 변호사법을 위반한 것이라는 사실을 알게 되었지만, 나는 이용호를 구명하기 위해 노력하면서 그게 잘못된 것이라고는 전혀 생각하지 못했다. 왜냐하면 홍준표 씨에 의해 구속되고 재판을 받으면서 변호사를 선임할 때도 법조계의 여러 인맥을 살펴본 뒤에 판결에 영향을 미칠 수 있는 변호사로 변호인단을 구성하는 것은 기본 중의 기본이었기 때문이다. 그리고 변호사들 역시 자신이 판사 또는 검사와 연줄이 닿아 있다는 점을 부각시켜 자신이 이번 사건의 적임자라는 점을 역설하고는 했다.

하지만 위와 같은 사실은 이용호가 거짓말을 하면서 노린 핵심이 아니었다. 앞에서도 여러 번 이야기했지만, 이용호는 비윤리적인 사업을 하면서 어려운 상황에 처할 때면 '국제-PJ파 두목 여운환'을 들먹이며 공공연히 상대방을 압박하거나 겁을 주고는 했다. 그런데 이번에 이용호는 바로 그 '국제-PJ파 두목 여운환'을 아주 악의적으로 써먹었다. 이미 세인들에게 폭력조직의 우두머리로 알려져 있는 인물, 홍준표에 의해 거물급 로비스트로 낙인찍힌 대형 전과자를 사건의 전면에 내세움으로써 이용호는 자기 자신을 '피해자'로 만들려고 했던 것이다. 물론 이용호가 만들어낸 가해자이자 피의자는 바로 나, 여운환이었다.

김찬규 검사가 나에 대해서 그릇된 이미지를 갖고 있었다는 점을 이용호가 알고 있었다고는 생각할 수 없다. 그것은 지독한 우연이었다. 만약 그 자리에 김찬규 검사가 아닌 다른 검사, 그러니까 여운환이라는 사람에 대해서 그릇된 이미지를 갖고 있지 않은 검사가 있었다면 상황이 어떻게 달라졌을지 모른다. 그런데 하필 이용호 사건을 맡은 검사가 바로 김찬규 검사였고, 이용호의 그 거짓은 김찬규 검사에 의해 완벽한 사실로 둔갑하고 말았다.

4

대검 중수부의 자승자박

한 검사의 공명심이 만든 엄청난 파장

2001년 9월 12일이었다. 그날 낮에 나는 서울 조계사에서 한 스님을 만났다. 당시에 '아가페'라는 기독교 단체에서 민영교도소를 설립하겠다는 계획을 발표했는데, 이에 자극을 받은 불교계에서도 송광사 땅에 민영교도소를 세울 계획을 수립하던 중에 나에게 투자 문제를 상의하고자 해서 만났던 것이다. 그리고 광주로 돌아가던 길, 천안을 지날 때였던 것으로 기억한다. 전화벨이 울렸다. 이용호의 측근이었다.

"저희 회장님께서 여 회장님께 3일만 피해 있으라고 하십니다."

이용호가 대검 중수부에 체포되었다는 소식은 나도 알고 있었다. 조사를 받는 중에 무슨 헛소리를 한 모양이었다. 기분이 영 찜찜했지만, 이용호가 하자는 대로 하고 싶은 마음은 추호도 없었다. 왜 내가 이용호 때문에 숨어 지내야 하는가. 기분이 상한 나는 버럭 소리를 질렀다.

"혹시 검찰에서 연락이 오면 내가 먼저 찾아가서 그 친구 성토를 할 판인데, 낯짝도 참 좋소!"

그렇게 전화를 끊어버렸다. 대검 중수부에서 어떤 일이 벌어지고 있는지, 이용호가 어떤 진술을 했는지 나는 꿈에도 모르고 있었다.

그리고 바로 그날, 이용호가 대검 중수부에 체포된 지 일주일이 넘어선 시점이었다. 느닷없이 각 언론사에서 2000년 5월에 이용호가 서울지검 특수부에 긴급체포 되고도 단 하루 만에 풀려났던 일을 터뜨리기 시작했다. 그리고 그날 밤, 나는 광주지검에 파견된 형사들에 의해 집에서 체포되었다. 그 전에 형사들은 내 핸드폰으로 전화를 걸어 내 위치를 확인했다. 마침 나는 샤워 중이어서 아내가 그 전화를 받았다. 내가 어디 있는지 확인한 형사들이 집으로 들이닥친 것이다.

곧장 차에 실려 어딘가로 향했다. 대전 톨게이트에서 중수부 수사관들이 기다리고 있었다. 나는 그때까지만 해도 별다른 걱정을 하지 않았다. 그래서 형사들과 집을 나서면서도 아내에게 아무 걱정하지 말라고 말하며 어깨를 두드려주었다.

만약 내가 이용호의 측근 말을 듣고 피신했다면 나는 정말로 뒤가 켕겨서 도망친 것으로 오해를 받았겠구나 하는 생각이 들었다. 그러자 다시 한 번 이용호를 향한 감정이 되살아났다.

사실 마음에 걸리는 것이 전혀 없었던 것은 아니었다. 사업가라면 누구나 검찰의 조사를 두려워한다. 나 역시 이용호와 돈거래를 하면서 발생한 수익에 대해 정확하게 신고를 하지 않은 부분이 있었던 것이다. 이 점에 대해서는 처벌을 피할 수 없을 것 같았다. 그리고 2000년 5월에 이용호가 서울지검 특수부에 긴급체포 되었을 때 내가 그를 구명하기 위해 변호사들을 만나러 다닌 일도 마음에 걸렸다. 하지만 앞서 밝힌 대로 나는 그것이 잘못인 줄 몰랐다. 당시의 일을 사실대로 밝히고, 이용호와 돈거래를 한 정황만 정확하게 설명하면 그 점에 대해서는 전혀 의심을 사지 않을 것이라고 믿었다.

그런데 바로 그 시각, 각 신문사의 인쇄소에서는 호남 최대 폭력조직의 두목이자 거물급 로비스트 여운환이 이용호 사건에 개입되었다는 기사가 인쇄되고 있었다. 나를 체포하기 전에 대검찰청의 누군가가 그와 같은 사실을 언론에 흘린 것이었다. 나는 그런 사실을 전혀 모른 채 서울로 향하고 있었다.

2001년 9월 13일, 동아일보에 실린 기사를 보자.

구조조정 전문회사인 지앤지(G&G)의 이용호(李容湖, 구속수감) 회장 금융비리 사건 수사 과정에서 '여운환'이라는 인물이 등장한 것은 향후 수사 방향과 관련해 시사하는 바가 적지 않다.

여 씨는 한때 광주 지역의 유력한 폭력조직에도 관여했던 중견 사업가로 정관계 인사들과 교분이 많은 것으로 알려진 '거물급'이다. 따라서 그의 등장은 이 사건에 '질적' 변화를 가져올 수도 있다. 이 회장 사건이 정관계의 배후 및 비호 세력 수사로 진전될 가능성이 있다는 얘기다.

여 씨의 등장은 이 회장 구속 당시부터 어느 정도 예견됐다. 검찰은 3일 이 회장을 구속하면서 구속영장에서 여 씨의 이름을 직접 언급했다. 이 회장의 횡령 금액 사용처를 일부 밝히면서 1억 5,200만 원이 여 씨에게 진 빚을 갚는 데 쓰였다고 기록했다. 이 회장과 여 씨의 자금 거래를 공식적으로 밝힌 것이다.

그러나 그뿐이었다. 검찰은 여 씨의 관여 정도에 대해 말을 아꼈다. "여 씨는 피해자일지도 모른다"고 말하기도 했다. 검찰의 이런 신중한 태도는 여 씨의 비중으로 볼 때 당연한 일일 수도 있다.

여 씨는 92년 광주 지역 최대 폭력조직인 '국제 PJ파'를 이끌면서 슬롯머신 사업 등 각종 이권 사업에 손댄 혐의 등으로 구속·기소됐었다. 당시 그를 구속한 사람은 그 이듬해 슬롯머신 사건 수사를 주도한 홍준표(洪準杓·전 한나라당 국회의원) 검사였다.

여 씨는 대법원에서 범죄 단체 조직 등 일부 혐의에 대해 무죄를 선고받았지만 폭력 행사 혐의 등이 인정돼 징역 4년을 선고받았다. 또 슬롯머신 사건 수사 당시에는 검찰 간부가 여 씨와 친분을 맺었던 사실이 드러나 사표를 내기도 했다. 광주지검 사건과장 최 모 씨가 '여 씨의 권유로 슬롯머신 업소 지분에 투자해 공직자로서의 품위를 유지하지 못했다'는 내용의 유서를 남기고 자살한 사건도 발생했다.

검찰은 이런 점 등을 고려해 신중하게 수사를 진행해오다 최근 이 회장의 돈 20여억 원이 여 씨에게 건네진 사실을 확인한 것으로 알려졌다. 이 회장과 여 씨의 관계를 밝혀낸 검찰은 나아가 이 회장의 배후 비호 세력에 수사의 초점을 맞출 것으로 보인다.

특히 여 씨는 지난해 이 회장이 서울지검 특수2부에서 수사를 받을 때 "이 회장을 돕겠다"고 직접 나섰으며 검찰도 이 사실을 파악하고 있는 것으로 알려졌다.

따라서 당시 서울지검이 이 회장에 대해 압수수색과 긴급체포를 하고 도 석연치 않은 이유로 수사를 끝낸 배경이 밝혀질지도 관심거리다.

'폭력조직', '국제-PJ파', '거물급', '홍준표'……. 악몽이 되살아나고 있었다. 홍준표에 의해 두목이 누군지도 밝혀지지 않은 폭력조직의 '두 목의 고문급 간부'라는 죄명으로 4년 넘게 교도소에서 지내고 출소한 지 5년이 넘어서고 있었다. 억울한 옥살이에 대한 기억을 애써 지우려 노력 하며 살아왔는데, 또 다시 그때의 악몽이 되살아나고 있었다.

이용호 사건을 로비 사건으로 규정하고 내가 관여되었을지도 모른다 는 추측을 언론에 흘린 장본인은 김찬규 검사였다. 대한민국 검찰 조직 에서도 최정예 엘리트들만 모여 있다는 대검찰청 중앙수사부의 과장검 사로서 이용호 같은 '잡범'을 취급하면서 은근히 자존심이 상해 있던 김 찬규 검사는 이용호의 진술과 정황 증거만으로 사건을 로비 사건으로 확 대하여 언론에 흘린 것이었다.

나는 국제-PJ파 사건과 이용호 게이트 사건을 겪으면서 기자와 검사 의 공통점을 한 가지 발견했다. 그들 모두 '특종'에 목이 말라 있다는 점 이다. 그래서 이 둘이 완벽한 언론플레이 파트너로 결합될 수 있는 것이다. 다만 기자의 특종이 '진실을 밝히려는 기자정신'에서 비롯된다면, 검사의 특종은 '무언가 큰 건을 터뜨리고 싶어 하는 공명심'에서 비롯된다는 점은 다르다. 특히 중앙수사부나 특수부에 있는 검사일수록 큰 건을 터뜨리고 싶어 하는 욕망은 더욱 커진다.

'특종'에 눈이 멀었던 김찬규 검사는 법적 효력도 없는 종이쪽지 한 장과 이용호의 거짓 진술 그리고 자신의 머릿속에 박혀 있는 선입견만으로 상황을 예단하는 첫 번째 실수를 저질렀다. 그가 저지른 두 번째 실수는 나를 중수부로 소환하여 보다 더 면밀하게 조사를 시작하기도 전에 검증되지 않은 사실을 언론에 유포하여 사건을 필요 이상으로 키워버린 것이었다. 이 모든 것이 공명심 때문이었다. '내용증명'과 이용호의 진술을 접한 순간, 그는 자신이 엄청난 특종을 잡았다는 착각에 사로잡혔고, 그 순간 그의 이성은 마비되고 말았다. 훗날 내가 김찬규 검사로부터 조사를 받으면서 홍준표 씨의 모습을 떠올린 것은 어쩌면 당연한 일인지도 모른다. 두 사람은 닮아도 너무 닮아 있었던 것이다.

광주의 집에서 형사들에게 체포되어 서울로 압송된 지 6시간 만에 나는 대검 중수부에 도착했다. 그때가 새벽 4~5시경이었다. 나는 그때까지도 돌아가고 있는 상황을 전혀 모르고 있었다.

눈매가 날카롭게 생긴 남자 한 명이 조사실로 들어섰다. 김찬규 검사였다. 오래전부터 그는 이미 여러 번 내 이름을 접했을 테지만, 실제로 나를 만난 것은 그때가 처음이었다.

김찬규 검사는 다짜고짜 이렇게 물었다.

"이용호 알죠?"(이때의 대화는 내가 기억을 더듬어 말해준 것을 작가가 정리한 것이다)

"압니다."

"검찰 로비 명목으로 돈 받은 적 있죠?"

로비?

나는 검사가 무슨 소리를 하는지 알아들을 수가 없었다. 혼란스러워 잠시 할 말을 잊고 있었는데, 김찬규 검사는 내가 일부러 입을 다물고 있다고 생각한 모양이었다. 그는 내 앞에 예의 그 '내용증명'을 내밀어 보였다.

"이용호로부터 액면금 40억 원짜리 어음 받았죠?"

내용을 찬찬히 읽고 난 뒤에야 검사가 왜 그런 소리를 하는지 이해되었다. 이용호에게 꼼짝없이 당하게 생겼다는 생각이 들었다. 그리고 지금 내가 어떤 상황에 처해 있는지도 비로소 실감하게 되었다.

"자금이 필요하다고 어음 할인을 요청하기에 해준 것뿐입니다."

"검찰 문제를 해결해주겠다면서 받은 것 아닙니까?"

"이용호로부터 로비 자금을 받은 적이 없습니다. 이 종이 쪼가리의 내용도 금시초문이오. 작년에 이용호에게 20억 원을 빌려주면서 담보와 확정이익을 명확하게 하기 위해 40억 원짜리 어음을 받은 것이 전부요."

김찬규 검사에게 내 말은 씨알도 먹히지 않았다. 그의 머릿속에 여운 환이라는 사람은 검사의 발령지를 좌지우지할 수 있고 범죄자의 처벌을 경감시키기 위해 법조계의 인맥을 동원할 수 있는 막후 실력자로 각인되어 있었다.

이후로 강도 높은 조사가 이루어졌다. 중수부는 광주로 수사관들을 급파하여 내가 경영하거나 관여한 회사의 모든 장부와 금전출납부, 통장, 명함첩까지 깡그리 압수했다. 계좌 추적이 시작되었고, 휴대폰에 저장된 전화번호와 통화 목록까지 조사를 했다. 하지만 대검 중수부나 김찬규 검사가 원하는 '거물'은 단 한 명도 나오지 않았다. 당연한 일이었다. 하지만 이 과정에서 애꿎게도 나의 지인 두 사람이 고초를 당했다.

그중 한 사람은 대검 중수부 3과의 계장으로 있던 고향 후배였다. 이사를 한다고 하기에 마침 설이고 해서 소파나 사라고 그에게 1천만 원을 준 적이 있었다. 독자들로서는 이해가 잘 안 되겠지만, 당시 나는 통이 커서 가까운 사람들에게 큰돈을 쉽게 주고는 했다. 그런데 이 돈이 빌미가 되어 그 고향 후배는 사표를 낼 수밖에 없었다. 나중에 그 친구는 "나도 명색이 대검 중수부에서 수사관 생활만 수십 년을 했는데, 그게 '검은 돈'이라면 내가 미쳤다고 그런 돈을 고스란히 통장에 넣어두었겠느냐"며 울분을 토했다.

나머지 한 사람은 통신회사를 운영하던 신배었다. 아들이 결혼을 한다기에 부조금으로 5백만 원을 보내주었다. 사실 이 선배에게는 이용호와 관련된 부탁을 한 적도 있었다. 이용호의 회사에서 CB를 발행할 수 있도록 대우증권 사장에게 전화 한 통을 해달라고 부탁했던 것이다. 하지만 아무런 효과는 없었다. 이 선배는 나로부터 5백만 원을 받은 정황이 포착되어 3일 동안 특별검사의 조사를 받았고, 나의 부탁으로 전화 한 통 한 대가로 벌금형을 받았다.

나와 관련하여 피해를 본 사람은 딱 이들 두 사람이다. 대검 중수부가 원하는 시나리오에는 전혀 어울리지 않는 인물들이었다.

언론에 거물급 로비스트가 사건에 관여했다는 보도 자료를 내고 기사가 대문짝만하게 실린 마당에 대검 중수부로서는 궁지에 몰리지 않을 수 없었다. 언론과 한나라당당시야당은 검찰이 청와대를 감싸기 위해 은폐·축소 수사를 한다며 연일 검찰을 질타했다. 여론도 나날이 악화되었다. 하지만 검찰로서는 은폐할 것도 축소할 것도 없었다. 검찰의 수사가 진전이 없었던 것은 나에게서 아무것도 나오지 않았기 때문이다.

이때 또 다시 홍준표 씨가 등장했다. 그는 때마침 동대문을 지역구의 국회의원 보궐선거를 준비 중이었는데, 내 이름이 언론에 오르내리자 다시금 스포트라이트를 받기 위해 자신이 잡아넣었던 호남 최대 폭력조직의 '두목' 여운환을 들먹이며 모래시계 검사로서의 위상을 되살리려 했다. 기자들은 홍준표 씨의 말을 여과 없이 기사로 옮겼고, 나는 또 다시 꼼짝없이 조폭 두목이자 거물 로비스트로 다시 한 번 세상에 알려지게 되었다.

그뿐만이 아니었다. 2001년 9월말에 열린 국정감사에서 당시 한나라당 국회의원이었던 정형근 씨는 느닷없이 국정감사 도중에 편지 한 통을 꺼내들었다. 서울 송파구의 발신인 직인이 찍힌 그 편지를 정형근 씨는 나의 건달 후배들이 보낸 것이라고 설명하면서, 편지에 "참는 데도 한계가 있다. 더 이상 건드리면 가만두지 않겠다"는 등의 내용이 적혀 있다고 발언했다. 기가 막혔다. 마침 내가 다시 언론에 거론되자 이때다 싶어 무대에 등장한 '모래시계 검사' 홍준표의 졸렬하기 짝이 없는 거짓 공작이었다. 만약 그게 사실이었다면 공권력이 가만히 있을 수 있는가. 폭력조직 조직원들이 국회의원을 상대로 협박편지를 보내면서 공권력을 상대로 전쟁을 선포한 상황이다. 어떻게 공권력이 가만히 있을 수 있겠는가. 당장 특별수사본부가 설치되어야 할 일이다. 하지만 정형근 씨는 수사 요청도 하지 않았고, 결국 이 일은 해프닝으로 끝났다. 누가 보더라도 스포트라이트와 언론의 관심을 노린 홍준표와 이에 동조한 정형근 씨의 자작극임이 빤했다.

김찬규 검사가 언론에 흘린 보도 자료, 그리고 각종 추측성 정황들이 짜깁기되어 김대중 정부의 유력 인사들이 나와 관련된 것처럼 이야기가 점점 부풀려지고 있었다. 급기야 '조폭 정권'이라는 신조어까지 만들어졌다. 일이 걷잡을 수 없을 지경으로 커진 것이다.

일이 이렇게 되자 다급해진 쪽은 대검 중수부였다. 김대중 정부의 유력 인사를, 하다못해 유력 인사 집안의 강아지 한 마리라도 잡아넣지 않으면 대검 중수부는 확실하지도 않은 일을 가지고 일을 부풀리고 설레

발이나 치는 우스운 조직으로 전락하고 마는 상황이었다.

　한편, 2000년 5월에 이용호가 서울지검에 긴급체포 된 뒤 하루 만에 풀려났던 사건을 조사하기 위해 2001년 9월 20일에 대검찰청에는 특별 감찰본부가 설치되었다. 당시의 최경원 법무부 장관은 "법과 원칙에 따라 지위 고하를 막론하고 성역 없이 수사하라!"는 지시를 하달했는데, 이 지시를 직접 받은 사람이 검찰 조직의 수장이었던 신응균 검찰총장이었다. 그때 그는 기분이 어땠을까? 사업에 실패하고 어려운 처지에 있던 동생이 이용호로부터 6,600여만 원이라는 돈을 받고 그의 로비스트로 활동한 사실을 알고 있던 신응균 총장은 심정이 어떠했을까? 2001년 9월 25일, 국정감사장에서 이용호 게이트와 관련하여 특별검사제를 도입하려는 정치권의 의도에 반대했던 것도 그런 이유에서였을까? 아이러니하게도 대검 중수부에 이용호를 잡아들이라는 지시를 내린 당사자가 바로 그 자신이었다. 이용호와 관련한 사건이 커질수록 그는 어떤 운명이 자신의 목을 죄어오는 공포를 경험했을 것이다.

　이후 강도 높은 수사가 진행되었고, 2000년 5월 당시 서울지검의 중심인물들이 줄줄이 소환되었다. 임영배 부산 고검장^{2000년 5월 당시 서울지검 검사장}, 임도균 광주고검 차장^{2000년 5월 당시 서울지검 3차장}, 이종명 군산지청장^{2000년 5월 당시 서}

과 당시 서울지검 특수2부에서 수사를 진행했던 검사 다섯 명 등이었다. 그리고 내가 찾아가 이용호의 변론을 부탁했던 김병준 변호사 등도 조사 대상이 되었다. 결국 이 사건은 22일 동안 조사가 진행된 뒤 이종명 군산지청장이 직권남용 혐의로 기소되었다가 사표를 낸 뒤 불구속 기소되는 것으로 종결되었다.

훗날, 내가 재심을 청구하기 위해(이 일에 대해서는 뒤에서 밝히겠다) 선임한 변호사(이 분에 대해서도 뒤에서 밝히겠다)가 변호사로 개업을 한 이종명 씨를 우연히 만나 그의 이야기를 들었다고 한다. 2004년 〈월간 조선〉에 실린 이때의 장면을 여기에 옮긴다.

얼마 전 나(내가 선임한 변호사로 〈월간 조선〉에 실린 이 글을 직접 썼다)는 당시 이종명 특수부장과 서울구치소를 나오다가 우연히 만났다. 군법무관으로 33사단 법무참모를 할 시절 그는 검찰관이었다. 일 년을 근무하는 동안 그와 가깝게 지내고 성품도 잘 알고 있었다. 그는 쉬다가 몇 달 전에야 변호사 개업을 했다.

"특수부장이 되고 나면 누구나 한 건 크게 터뜨리고 싶은 욕심이 있어요. 그런 과정에서 저도 열심히 제보자들을 만나 정보를 들어봤어요. 이용호 사건의 경우도 복잡한 내용이라 그 자료를 얻어 가지고 와서 부하 검사에게 사건이 되겠나 검토하라고 먼저 지시했죠. 다음날 부하 검사가 사건이 된다고 보고하더라고요. 그래서 체포했는데 나중에 하는 말이 구속영장을 발부받을 정두가 아니리는 거예요. 우리 특수부에선 구속 안 하면 사건이라고 치질 않거든요. 무심코 넘긴 사건이라 전 그 후에 이용호 얼굴도, 사건 내용도 기억 못했어요. 그냥 마지막에 '합의하쇼'라고 한마디 한 게 전부죠. 그게 직권남용으로 기소된 전체 내용이에요."

옆으로 보이는 그의 얼굴은 허탈한 표정이었다.

"특수부장이 되는 걸 알고 저는 술을 끊었어요. 술좌석은 세상에서 오해를 받을 우려가 있으니까요. 그 사건을 제보 받을 때도 심지어 식당에도 가지 않고 로비에서 만나 얘기를 들었어요. 만약 내가 제보자하고 밥이라도 먹거나 뒤에서 뭐가 조금이라도 있었다면 당시 분위기상 저는 틀림없이 구속됐을걸요."

그는 등골이 오싹해하는 것 같았다.

"그래도 사표 쓰고 재판까지 받았잖아요."

내가 의아한 생각으로 물었다.

"총장님이 관여된 문제니까 조직을 위해 희생하라고 그러더라고요. 그래서 사표를 냈죠. 그 다음에는 나를 불구속 기소하더라고요. 좀 너무하다는 생각도 들었어요. 이용호가 1심 법정에서 증인으로 나와 피고인이 된 나를 직권남용죄로 몰아치는 진술을 하더라고요. 그 사람을 두 번째 보는 거예요. 완전히 일 년 전과 입장이 바뀐 거죠. 이용호의 진술 하나로 저는 1심에서 유죄 판결이 나왔어요. 참 기분이 이상하더라고요. 세상이 이럴 수도 있나 하고요. 그 후 총장도 결국 물러났으니까 조직을 위해 희생하라는 것도 다 의미 없어졌고……."

그가 아직도 회의에 찬 어조로 내뱉었다. 이종명 특수부장은 그 후 고등 법원에서 무죄가 선고됐다.

_〈월간 조선〉 2004년 2월호

이용호 사건은 이렇게 일단락되는 듯했다. 하지만 언론과 여론, 야당은 당시 서울지검의 특수부장이 기소된 것으로 사건이 종결되는 것에 만족할 수 없었다. 은폐·축소 수사 의혹이 그치질 않았다. 왜냐하면 '여운환'이라는 거물급 로비스트가 이용호 사건에 관여되어 있기 때문이었다. 이용호와 돈거래를 한 것밖에 없는 나를 잡아다가 엄청난 거물 로비스트로 만들고 사건을 부풀린 당사자는 김찬규 검사와 대검 중수부였다. 자승자박이었다.

이 무렵 김찬규 검사가 내게 딜deal을 제안했다. 내가 자기네에게 협조를 하면, 자신도 나를 최대한 돕겠다고 했다. 그러면서 자기네가 원하는 정도의 비중 있는 인물들 중에 밥이라도 한 끼 같이 먹은 사람이 있으면 무조건 이름을 대라고 했다. 어처구니가 없었다. 그리고 아찔했다.

'아, 일이 이런 식으로 되기도 하는구나.'

혹시라도 내가 김찬규 검사의 제안에 혹하여 아무 이름이라노 댄다면, 그 사람은 정말 구속이 될 판이었다.

하지만 나는 그러고 싶지 않았다. 예전에 홍준표에 의해 조폭 두목이라는 누명을 쓰고 억울하기 짝이 없는 일을 당하는 동안 나는 검사라는 사람들이 어떤 존재들인지 낱낱이 목격했다. 물론 대한민국의 모든 검사가 그렇지는 않을 것이다. 아니, 공명심에 사로잡혀 희생양을 조작하고 만들어내는 검사는 극소수에 불과할 것이다. 그런데 문제는 그처럼 그릇된 검사들이 검찰 조직의 중요 요직을 차지하고 있다는 데에 있다. 법조인의 양심을 따르고 공직자로서의 윤리를 지키는 사람들은 이상하게도 현실 세계에서는 힘이 없다. 자신의 이름을 드날리고 싶어 하고 권력을 향한 욕망이 강하고 타인을 짓누르는 비인격체들은 권력이 지닌 나쁜 속성에 편승하면서 힘을 키운다. 내 눈에는 김찬규 검사 역시 그런 존재로 보였다.

사실 대검 중수부에 구속되기 얼마 전 나는 김대중 대통령의 장남인 김홍일 씨 일행과 제주도 여행을 다녀온 적이 있었다. 김홍일 씨 일행은 내가 운영하는 호텔에서 식사도 함께 하고, 광주에 올라와서는 프로야구단 해태 타이거즈의 후신인 기아 타이거즈 창단식에 같이 참석하기도 했다. 그런 사실을 내가 말한다면 김홍일 씨도 대검 중수부의 표적이 될까? 어쩌면 그럴지도 모른다는 생각이 들었다. 그래서 나는 김홍일 씨와 아무런 거래 관계가 없음에도 불구하고 그 일에 대해서 함구했다(이 일은 나중에 나의 행적을 조사받는 과정에서 드러난다. 하지만 이 일로 인해 김홍일 씨가 피해를 본 일은 없다. 김홍일 씨는 나중에 전혀 다른 사건으로 서울지검에 기소되어 형을 받았다).

　김찬규 검사는 참으로 끈질겼다. 한사코 이름을 대라고 윽박질렀다. 나는 그때 이미 김찬규 검사가 원하는 것이 무엇인지를 간파하고 있었다. 하지만 내 입에서는 단 한 사람의 이름도 나오지 않았다. 내가 무슨 독립투사라고, 일부러 사람들과의 의리를 지키느라 그랬던 것은 절대 아니다. 정말로 댈 이름이 하나도 없었다. 만약 실제로 내가 검은 거래를 하기 위해 김대중 정부의 유력 인사와 밥 한 끼 먹었다 하더라도 나는 김찬규 검사에게 그 이름을 대지 않았을 것이다. 나로 인해 누군가가 피해를 보는 것을 원치 않았고, 무엇보다도 김찬규 검사가 치적과 공로를 쌓는 데 내가 어떤 역할을 한다는 것 자체가 나로서는 굴욕적이고 기분 나쁜 일이었기 때문이다.

　이때만 해도 이용호 사건의 핵심은 나였다. 실제로 내가 핵심이어서 핵심이었던 것이 아니라 김찬규 검사가 그렇게 착각하고 있었던 것이다. 내가 마치 사건의 중요한 열쇠라도 쥐고 있는 양 끊임없이 나를 추궁하고 괴롭혔다. 그래서 처음에는 사건 명칭도 '이용호 게이트'가 아니라 '여운환 게이트'였다. 하지만 나에게서는 김찬규 검사가 의도하는 혐의나 '거물'이 단 하나도 포착되지 않았다.

　시간이 지날수록 진상을 밝히라는 여론의 질타는 더욱 거세졌고, 김찬규 검사는 점점 궁지에 몰렸다. 그래서 갖은 방법으로 나를 괴롭히기 시작했다. 하루 종일 조사를 받다가 형무소로 돌아가 자리에 누우려고 하면 다시 자신의 사무실로 소환하기를 반복했다. 교도관들이 더 진력을 냈다. 하지만 나는 지고 싶지 않았다. 밥을 먹을 때면 쌀 한 톨 남기지 않았다. 체력이 있어야 싸울 수 있다고 생각했기 때문이다.

시간이 조금 지나자 김찬규 검사는 나와 이용호 사이에 오간 돈의 용도와 채무 관계에 대해서 추궁하기 시작했다. 쟁점은 내가 이용호로부터 받은 로비 자금 40억 원 중에 20억 원을 착복했는가 하는 것으로 바뀌었다. 내가 이용호에게 돈을 빌려주었다가 이자까지 쳐서 돌려받은 것이라고 아무리 항변해도 김찬규 검사는 끝끝내 그것이 로비 자금이었다고 몰아붙였다. 김찬규 검사로서는 그럴 수밖에 없는 것이, 나와 이용호 사이에 오간 돈이 그냥 금전상의 거래에 불과하다면 사건이 너무나도 맥없이 끝나버리기 때문이었다. 그렇다면 그것은 어디까지나 이용호와 나 사이의 개인적인 문제일 뿐이고, 굳이 대검 중수부가 나설 만한 사건이 아니었다. 그래서 그들은 자기네가 짜놓은 시나리오에 어떻게 하든지 상황을 끼워 맞추려고 했다.

그러던 중 김찬규 검사가 기다리고 기다리던 '호재'가 드디어 터졌다. 물꼬가 터진 쪽은 이용호였다. 그의 입에서 김대중 정부의 유력 인사들 이름이 줄줄이 흘러나온 것이다. 아태재단 상임이사 이수동, 대통령의 처조카인 이경필, 대통령의 차남인 김홍업, 서울지검 검사장, 국정원 경제단장, 검찰총장……. 막상 그 이름들을 대한 초기에 김찬규 검사로서는 아연실색할 수밖에 없었을 것이다. 무엇보다도 이번 사건의 수사 지시를 최초로 내렸던 검찰 조직의 수장 신응균 검찰총장이 연루되었을지도 모르는 상황에 몰린 것은 김찬규 검사가 기획한 시나리오를 완전히 벗어난 것이었다.

사실 이용호의 입에서 정계와 법조계 유력 인사들의 이름이 흘러나온 시점이 언제였는지 나는 정확히 알 수 없다. 진즉에 김찬규 검사가 그 사람들이 이용호와 연루되어 있다는 사실을 알고도 쉬쉬했는지, 그래서 나를 조사하면서 나올 대체 인물들로 언론과 한나라당의 질타를 무마할 요량이었는지, 아니면 계속 조사에 시달리던 이용호가 나중에 최후의 카드로 그 이름들을 꺼낸 것인지 나는 알 수가 없다. 다만 이용호 게이트와 관련하여 유력 인사들의 구체적인 이름이 언론에 거론되기 시작한 시점이 2001년 12월, 이용호 게이트 사건에 특검이 도입되던 시점이라는 점만 확인할 수 있을 뿐이다.

그런데 당시 이용호는 사건이 일단락되어가던 상황에 왜 정치계와 법조계 실세들의 이름을 입에 올렸을까? 시간이 조금 지난 뒤 이용호의 변론을 맡았던 변호사는 당시의 담당 검사에 의해 그런 리스트가 만들어졌다고 주장했다. 하지만 나는 그 변호사의 주장이 거짓이라고 생각한다. 이용호는 자신이 살기 위해서라면 얼마든지 다른 사람을 죽일 수 있는 인물이었다. 하지만 그 역시 정권 유력 인사들의 이름을 올리면서 일이 그렇게까지 커질 것이라고는 생각지 못했을 것이다. 다만 내 뒤에 이런 사람들이 있으니 이쯤에서 그만 사건을 덮으라는 이용호의 간 큰 협박이었을 것이라는 게 내 생각이다. 이용호를 겪어본 내 경험으로 판단하건대, 궁지에 몰리면 다른 힘 있는 사람의 이름을 대고 도망치려는 이용호의 평소 습성으로 보았을 때 충분히 가능한 일이다.

5

사라지지 않는 낙인

조폭 두목에 이어 거물급 로비스트가 되다

이용호 게이트 사건 당시 대검찰청 중앙수사부의 책임자인 중앙수사부장은 유창종 씨였다. 평소 언행이 무겁고 신중하며 성품이 따뜻하여 수많은 후배 검사들로부터 존경을 받는 인물이었다. 하지만 이용호 사건은 그의 통제권 밖에 있었다. 신응균 검찰총장이 그를 거치지 않고 중수부 3과 과장인 김찬규 검사에게 직접 지시하여 이용호를 체포하도록 했기 때문이었다.

이용호 사건에서 비롯된 사안들이 점차 걷잡을 수 없이 복잡해지고 커지는 것을 지켜보던 유창종 씨는 이대로 두었다가는 검찰 조직 전체가 엉망이 될 수 있다는 생각을 한 모양이었다. 그래서 일이 더 커지기 전에 사건을 최소화해야 한다고 판단하고 진압에 나섰다. 하지만 그는 나중에 이 일이 빌미가 되어 자리에서 물러나야 했다.

　나와 유창종 씨는 인연이 없다. 그래서 당시 대검 중수부의 실무책임자로서 그가 어떤 생각을 했는지는 위에서 언급한 〈월간 조선〉에 실린 글을 인용하는 것으로 대신하고자 한다.

　"어떤 대형 정보가 있을 때 공명심에 들떠 그냥 수사를 하고 발칵 사회를 뒤집어놓는 건 올바른 검사의 도(道)가 아니라고 생각합니다. 칼을 가진 검사는 하나하나의 행위에 신중을 기해야 하는 거죠. 조금의 잘못만 나와도 다 파헤치고 언론에 공표하는 건 검사의 태도가 아니죠."

_〈월간 조선〉 2004년 2월호

　김찬규 검사의 패착은 이용호의 일방적인 진술과 나에게 보내지도 못하고 책상 서랍에 구겨진 채 처박아놓았다는 종이쪽지 한 장이라는 정황 증거만으로 섣불리 사건을 예단하고 부풀려서 판단하고는 성급하게 언론에 공표했다는 것이다. 처음에 사건의 핵심 열쇠가 나에게 있다고 믿었던 그들은 집요하게 나를 추궁하고 조사했다. 하지만 나에게서는 그들이 만들어놓은 시나리오에 맞는 상황이나 인물이 단 하나도 나오지 않았다. 결국 그들은 자기네가 이용호에게 놀아나고 헛다리를 짚었다는 사실을 알아차렸지만, 이미 사건은 그들이 통제할 수 없을 정도로 일파만파 확대되어 있었다. 이때 차라리 김찬규 검사가 용기 있게 나서서 "모든 것은 내 잘못이다. 내가 잘못 판단하여 일이 이토록 커졌다"라고 실토했다면 어땠을까? 글쎄…… 그랬다고 해도 사태는 수습되지 않았을 것이다. 언론과 야당, 여론은 오히려 검찰 조직이 검사 한 명을 희생양으로 내세워서 '몸통'의 꼬리를 자르려 한다고 더욱 야단을 쳤을 것이다. 이용호 사건은 그 지경에까지 이르러 있었다. 검사 한 사람의 공명심과 오판이 부른 재앙이었다.

이런 상황에서 진퇴양난에 빠져 있던 김찬규 검사와 대검 중수부는 이용호가 김대중 정부 유력 인사들의 이름을 줄줄이 입에 올리기 시작하자 쾌재를 불렀을 것이다. 검찰 조직도 적잖은 피해를 입게 될 상황이었지만, '특종'을 위해서라면 의리도 인정도 얼마든지 뭉개버릴 수 있는 것이 또한 검찰이었다.

이제 이용호의 입을 통해 이름이 거론된 사람들과 그가 어떤 유착 관계에 있었는지, 이용호와 그 사람들 사이에 얼마의 검은 돈이 오갔는지를 파악하는 것이 관건이었다. 하지만 이용호가 얼마나 꼼꼼하게 자기 주변을 단속해두었던지, 김찬규 검사로서는 그런 내막을 자체적으로 파악한다는 것이 거의 불가능했다. 상황이 이렇게 되자, 김찬규 검사는 이용호의 입만 쳐다볼 수밖에 없었다. 이용호의 세 치 혀에 따라 사람 목숨이 왔다 갔다 하는 판국이었다. 이용호가 어떤 이름을 대고 대검 중수부가 중간발표랍시고 그 이름을 이니셜로 언론에 공표하면, 같은 이니셜을 쓰는 공직자들이 자신은 이용호와 아무런 관련이 없다고 지레 변명을 하는 우스운 상황이 벌어지기도 했다. 칼자루를 쥔 쪽은 이용호였다.

이 무렵 나는 무엇을 하고 있었던가? 이용호와 마지막으로 거래했던 40억 원을 두고 대검과 실랑이를 벌이고 있었다. 검사는 그 돈이 로비 자금이라고 몰아치고 나는 20억 원을 빌려주고 받은 정당한 대가라고 항변하는 일을 되풀이하고 있었다.

"도대체가 말이 안 되지 않습니까? 2000년 5월에 서울지검에 긴급체포 되었을 때 이용호는 담당 검사와 동기인 변호사를 선임하면서 1억 원이나 지불했습니다. 게다가 법무부 장관과 차관 출신 변호사까지 내가 선임해주었고 당시 특수부장과 친분이 있는 검사장 출신 변호사까지도 선임해둔 상태였습니다. 이처럼 기라성 같은 분들이 합심하여 이용호를 도와주고 있는데, 이용호가 뭐가 아쉬워서 나 같은 사람한테 20억 원이나 주면서 로비를 부탁한단 말입니까?"

나는 울부짖듯 소리쳤지만 아무 소용이 없었다.

대검 중수부가 어떤 곳인가? 우리나라 검찰 인력 중에서도 최고 엘리트들만 모여 있는 곳이다. 작정만 하면 조사 대상이 실오라기 하나 걸칠 수 없도록 낱낱이 파헤칠 수 있는 조직이다. 게다가 당시 이용호 게이트는 사회적으로 엄청난 파장을 일으키며 언론에서도 연일 대서특필되어 대검 중수부가 사활을 걸다시피 하고 있었다. 피의자가 함구한다고 해서 그냥 어물쩍 넘어갈 수 있는 상황이 아니었다. 거기에 더해 특별감찰본부가 꾸려져 강도 높은 수사가 이루어졌고 특별검사까지 탄생하여 상당한 기간 동안 조사를 진행했다. 이 같은 상황에서 내가 무엇을 감출 수 있었겠는가. 그런데도 나에게서는 아무것도 나오지 않았다.

나중에는 이용호가 로비 자금으로 준 40억 원 가운데 내가 20억 원을 횡령한 것 아니냐는 쪽으로 몰아쳤다. 나로서는 같은 말을 되풀이할 수밖에 없었다.

"20억 원을 빌려주고 이자로 20억 원을 받는다는 게 말이 됩니까?"

"전에도 말했다시피 그 어음은 액면가가 40억 원이지만 사채시장에서는 1억 원 가치도 없는 것이었습니다. 그만큼 위험이 있기 때문에 높은 수익을 보장받아야 했습니다."

실랑이를 벌이는 중간 중간에 검사는 내게 이렇게 말하고는 했다.

"이러지 말고 여운환 씨가 평소 가깝게 지내면서 간혹 술과 식사 자리를 했던 검찰 간부 한두 명 정도를 말해줄 수 없어요? 그 선에서 우리 끝냅시다."

처음 대검은 사건에 내가 관여되었다고 언론에 흘리면서 약 100억 원의 로비 자금이 유포되었다고 퍼뜨렸다. 하지만 시간이 지나면서 로비 자금 액수가 20억 원으로 줄어들더니 나중에는 로비 자금에 대한 이야기 자체가 흐지부지 사라졌다.

사건의 핵심이 이용호에게로 넘어갔지만 대검 중수부는 나를 풀어줄 생각이 아예 없었다. 처음 이 사건이 부풀려지고 언론의 관심이 집중된 것은 대검 중수부가 이 사건에 폭력조직 우두머리이자 거물급 로비스트인 여운환이 연관되었다고 언론에 흘렸기 때문이었다. 그래서 대검 중수부로서는 내가 이대로 풀려나거나 다른 검찰 조직으로 사건이 이관되도록 내버려둘 수가 없었던 것이다.

　오래지 않아 재판이 시작되었다. 이용호는 법정에 증인으로 출두하여 약속어음 40억 원은 나를 통해 검찰 간부에게 준 뇌물이었다고 증언했다. 이 증언이 유일한 증거였다.

　하지만 검찰은 내가 누구에게 뇌물을 주었는지에 대해서는 아무것도 밝히지 못했다. 때문에 정관계에 로비를 했다는 혐의를 씌울 수가 없었다. 결국 검찰은 나를 횡령과 변호사법 위반, 알선수재죄 등의 죄목으로 기소하면서 10년을 구형했다. 이용호가 로비 자금으로 나에게 40억 원을 주었다고 하는데 그것을 받은 사람이 없으니 '횡령'이고, 2000년 5월 당시 이용호를 구명하기 위해 내가 변호사를 만나러 다닌 것은 '변호사법 위반'이며, 그 일에 대한 대가를 받았으니 '알선수재죄'라고 했다. 이 세 가지 죄목 가운데 내가 인정할 수 있는 것은 변호사법 위반뿐이었다. 40억 원짜리 약속어음은 내가 부도에 대한 위험을 감수하면서 이용호에게 현금 20억 원을 빌려준 것에 대한 대가였다. 그리고 이용호를 구명하기 위해 변호사를 만난 뒤에 따로 내가 그에게서 비용을 받은 것은 단돈

십 원도 없었다. 그러니 알선수재죄에 해당될 수 없는 것이다. 나는 시종일관 이용호로부터 받은 돈은 모두 그와 거래를 하며 돈을 빌려주었던 것에 대한 대가였다고 항변했지만 내 말은 먹히지 않았다. 이용호의 일방적인 진술만이 법정의 유일한 증거가 되었다.

이후 법원은 판결을 세 번이나 연기했다. 재판을 담당하고 있는 중앙지법 판사 세 사람이 아직 합의를 하지 못했다는 이유였다. 원래 민사 사건은 판결이 어려워도 형사 사건은 판결이 아주 쉽다고 한다. 왜냐하면 민사 사건은 여러 가지 상황이 복잡하게 얽혀 있어서 소송에 관련된 사람들 사이의 잘잘못을 따지기가 까다로운 반면, 형사 사건은 비교적 사안이 명백하여 지은 잘못과 죄에 대해서 형을 내리면 그만이기 때문이다. 그런데 내 사건은 형사 사건임에도 불구하고 선고 공판이 세 번이나 연기되는 우여곡절을 겪었다. 판결을 내리기가 까다로웠는지 법정에서 판사가 나에게 이용호와 합의를 하라고 공개적으로 말하기도 했다. 하지만 나는 변호사를 통해 "무죄를 주장하기 때문에 합의를 할 마음이 없다"고 분명하게 답했다.

그 일이 있고 얼마 지나지 않아 이용호는 자신의 변호사를 통해 처벌불원서를 써주겠노라고 제안하면서 10억 원을 요구했다. 처벌불원서란 피해자가 피고인과 원만하게 합의하여 처벌을 원하지 않는다는 내용을 담은 문서다. 피해자가 처벌불원서를 법원에 제출하면 판결을 내리는 데 있어 많은 부분 정상 참작이 된다. 하지만 나는 이용호와 합의할 생각이 전혀 없었고, 이용호가 제시하는 어떤 제안도 수락하고 싶지 않았다. 그와 합의하고 그의 제안을 수락한다는 것은 내가 하지도 않은 잘못을 인정하는 꼴이었다. 나는 최소한 이용호 앞에서만큼은 떳떳했다. 비록 철면피 사기꾼과 오랫동안 거래를 하면서 과도한 욕심을 부린 탓에 억울한 일을 당했지만, 그때로부터 십 년이 지난 지금도 나는 그때 이용호와 합의하지 않은 것에 자부심을 느낀다.

세 번이나 판결이 연기된 끝에 판사가 드디어 판결을 내렸다. 판사가 읽은 유죄의 취지는 딱 한 줄이었다. 이용호의 진술이 내가 한 진술보다 일관성이 있어 이용호의 말이 신빙성이 더 있어 보인다는 것이었다. 그러면서 나에게 4년형을 선고했다.

항소를 했다. 오래지 않아 고등법원 법정에서 항소심이 열렸다. 담당 검사도, 판사도 다른 사람으로 교체되었다. 그런데 달라진 것은 판사나 검사만이 아니었다. 이용호의 증언도 항소심부터 달라지기 시작했다.

아래의 대화는 항소심 당시의 공판 기록을 옮긴 것이다. 이 기록은 2004년 2월호 〈월간 조선〉에도 그대로 실려 있다.

이 법정에 이용호는 나의 유죄를 증언하는 증인으로 출석해 있다. 먼저 검사가 2000년 5월에 이용호가 서울지검 특수부에 긴급체포 되었을 당시의 일에 대해서 이용호에게 묻는다.

"특수2부의 수사 무마를 위한 로비를 여운환에게 맡긴 것은 평소 여운환이 정관계 고위 인사와 친분 관계를 과시하면서 다니고 특수2부 긴급체포 당시에도 김병준 변호사를 선임해주는 등 결정적인 도움을 주었기 때문이지요?"

"예."

"여운환이 친분 관계를 빙자하고 다닌 정관계 고위 인사가 누구인지 알고 있죠?"

"이 사건과 딱 연결 지어서 한 게 아니라 이 사건에서는 얘기를 할 수 없는 부분입니다."

"그러나 나중에 증인이 느끼기에 여운환이 그 사람들에게 부탁한 사실도 없고 별달리 노력한 사실도 없어서 배신감을 느꼈지요?"

"여운환 형이 평소에 아는 분들 얘기를 하신 것이기 때문에……. 딱 꼬집어서 어떤 걸 하겠다기보다는 은연중에 그런 얘기를 죽 비춰주고 자기가 알아서 맡겠다는 식으로 얘기를 했기 때문에 그렇게까지……."

"증인이 느끼기에 실제로 그 사람들이 누구인지는 모르겠지만 소위 말해 힘을 쓴 것은 없는 것 같았지요?"

"그렇습니다."

"증인은 검찰 수사 과정 및 특검 수사 과정, 그리고 1심 법정에서 피고인이 증인에게 친분 관계를 과시한 사람이 누구인지 밝힐 것을 추궁당한 사실이 있지요?"

"그렇습니다."

"그러나 여운환이 정말 그 사람들과 친분 관계를 맺고 있는지 확인할 수도 없고 설사 약간의 친분 관계가 있더라도 여운환이 과시했을 수도 있는 것이라 그 사람들이 누구인지 얘기할 경우 본의 아니게 큰 피해를 줄수 있어 지금까지 입을 다물고 있었죠?"

"그렇습니다."

"그런데 여운환은 이용호 증인의 그런 조심스러운 마음을 악용해서 뻔뻔하게 나서고 있지요?"

"그건 남의 마음이니까 제가 얘기할 수 있는 사항이 아닙니다."

"이제 비공개로 하는 마당이니까 그 사람들이 누구인지 밝힐 수 있나요?"

이 부분에서 이용호는 세 사람 정도의 이름을 어물거리듯 거론했다. 전 민정수석이었던 신광현 씨(현재 변호사로 활동하고 있다)와 국회의원이었던 조홍민 의원, KT 자회사의 대표였던 이기형 사장 등이었다. 이들은 모두 내 친형의 친구들이었다. 나를 통해서 가벼운 친분을 쌓았던 것을 가지고 법정에서 이름을 올린 것이었다. 특히 이들 세 사람 가운데 이기형 씨는 이 일로 대검의 조사를 받아야 했다. 내가 이 책의 197페이지에서 밝힌, 나와 연루되어 피해를 본 딱 두 사람 중의 한 사람이 바로 그였다.

다시 검사의 질문이 이어졌다.

"결국 증인 이용호가 준 돈은 관계 요로에 로비하여 검찰 수사를 무마하기 위한 명목으로 준 거죠?"

"관계 요로 로비보다는 당시 일을 수습하려면 변호사도 선임하고 경비가 필요하다고 해서……."

"경비라는 게 일종의 로비 자금인가요?"

"로비라기보다는 일이 번지지 않도록 해야 되기 때문에……."

"이용호 증인은 여운환이 필요하면 아는 실세들에게 돈을 쓸 것이라는 생각을 하고 있었지요?"

"그렇게는 생각하지 않았습니다."

내내 검찰의 질문에 에둘러서 말하던 이용호의 증언이 여기서 갑자기 1심과 크게 달라지기 시작했다.

대검 중수부의 조사 과정에서도, 1심이 열린 법정에서도 이용호는 줄곧 '일관성 있게' 자신이 준 돈이 로비 자금이라고 진술해 왔다. 1심 법정은 이용호의 진술을 토대로 나에게 4년형을 선고했다. 그런데 항소심에서 이용호는 그 돈이 딱히 로비 자금으로 준 것은 아니었다고 진술을 바꾸었다. 그동안 검찰과 이용호 사이에 무슨 일이 있었는지 알 수 없지만 항소심에서 그가 갑자기 입장을 바꾼 것이다.

내가 선임한 변호사가 이 틈을 파고들어 이용호에게 질문을 했다.

"1심부터 로비 자금이라고 했지, 그게 변호사 비용이라고 한 적은 없었는데 항소심에서 자금의 용도를 변호사 비용으로 바꾸는 이유는 무엇인가요?"

"변호사 비용도 쓰고 검찰청의 아는 사람한테 용돈도 줘야 한다고 해서……."

"증인은 로비 자금과 변호사 비용이 다르다는 건 알고 있지요?"

"그렇습니다."

"그 자금 중에 변호사 비용도 들어 있었다면 자금 마련을 위한 어음 40억 원을 여운환에게 준 2000년 6월 1일 이후 여운환에게 변호사 선임을 부탁한 적이 있나요?"

"없습니다."

"증인은 여운환을 믿고 따로 검찰에 로비를 하지 않았다는 건가요?"

"로비한 적이 없습니다."

하지만 사실상 나를 둘러싼 쟁점은 이미 '로비'가 아니었다. 대검 중수부의 강도 높은 조사에서도 내가 정관계 고위 인사들과 연결되어 이권을 챙기거나 로비를 한 점이 단 한 건도 포착되지 않았기 때문이다. 그래서 대검도 나를 횡령과 변호사법 위반, 알선수재죄로 기소했던 것이다. 내가 무죄를 받기 위해서는 이용호로부터 받은 어음 40억 원이, 20억 원을 이용호에게 빌려준 것에 대한 대가였다는 점을 증명해야 했다. 그런데 이러한 사안에 대해서 당시 항소심의 재판장이었던 오연묵 부장판사^{현 변호사}는 정확히 그 본질을 꿰뚫고 있었다.

다음은 오연묵 부장판사와 이용호 사이에 오간 대화 기록이다.

"20억 원의 현찰을 주면 40억 원의 어음을 끊어 계산해주겠다고 한 방법은 여운환과 이용호 두 사람이 미리 협의를 해서 한 것인가요, 아니면 일방적으로 한 것인가요?"

"여운환이 일방적으로 그렇게 했습니다."

이용호는 내가 자신을 협박하고 공갈을 쳐서 20억 원을 빌려가도록 했고, 그 대가로 20억 원을 요구했기 때문에 40억 원의 어음을 끊어준 것이라고 말하는 것이다.

오연묵 부장판사가 이용호에게 다시 물었다.

"20억 원을 종자돈으로 해서 40억 원으로 되었다면 늘어난 20억 원은 누구의 돈인가요?"

"그때……."

"20억 원을 증권 투자해서 돈이 늘어나면 늘어난 돈의 임자는 누구인가요?"

"저입니다. 20억 원의 원금은 여운환의 것이고요."

"여운환 피고인이 20억 원 투자했다가 20억 원만 돌려받으면 된다는 건가요?"

"그렇습니다."

"원금 20억 원에 대한 보상은 전혀 없는 것인가요?"

다시 이용호가 말을 바꾸고 있었다. 1심에서는 그 돈을 로비 자금이라고 했다가 항소심에 와서는 변호사 비용으로 준 것이라고 하더니 다시 판사의 추궁에 40억 원 가운데 20억 원은 내가 증권에 투자한 것이라고 말을 바꾼 것이다. 그러면서도 투자에서 발행한 20억 원은 끝끝내 자신의 돈이라고 우겼다.

판사의 질문이 이어졌다.

"여운환이 자신이 20억 원을 투자할 테니 남은 20억 원에서 최소한 10억 원은 보장해달라거나 늘어난 금액을 서로 나누자는 식으로 합의할 법한데, 어떻습니까?"

"그런 얘기는 없었습니다."

"그렇다면 20억 원을 투자한 여운환은 자기는 자선사업만 하자는 얘긴데, 그런 일을 왜 했다고 생각합니까?"

"여운환 본인이 20억 원을 투자해서 20억 원이 남는다는 보장이 없습니다. 그렇게 강요를 했던 것입니다."

"그렇게 강요당해서 하게 된 상황이라면 여운환의 돈이 되어야 할 게 아닌가요?"

"그렇습니다."

"그렇다니요?"

이용호가 횡설수설하고 있었다. 이때 검사가 일어나 이용호는 평소 내 앞에서 오줌을 쌀 정도로 나를 무서워하고 있다고 주장했다. 그래서 그동안 단 한 번도 대질 심문을 하지 않았다고 했다. 그런 사실을 재판장이 알아야만 이용호의 비논리적인 언행이 설명된다고 덧붙였다. 법정에서 횡설수설하고 말을 바꾸는 이용호는 잔뜩 겁을 집어먹은 나머지 판단 불능 상태에 빠져 있기 때문이라고 검사가 그를 감싼 것이다.

검사가 그 말을 한 뒤 이용호는 연기를 하기 시작했다. 내 앞에서는 무서워서 말도 제대로 할 수 없다는 듯 몸을 떨면서 잔뜩 겁을 집어먹은 표정을 지었다. 그러면서 재판을 비공개로 해달라고 요청하기도 했다. 법정에서 논리에 맞지 않는 발언을 하면서 궁지에 몰리다가 검사의 오줌싸개 발언에 맞추어 연기를 했던 것이다.

결국 항소심에서 나는 3년형을 받았다. 1심에서보다 형량이 1년 줄어들었다. 유죄 판결 이유는 1심 판결문과 거의 비슷했다. 진술 태도를 보았을 때 나보다는 이용호의 진술이 더욱 신빙성이 있다는 것이었다. 1심에서의 내용과 항소심에서의 내용이 완전히 달라졌던 이용호의 진술 어디에서 신빙성을 발견했는지 나는 도저히 이해할 수 없었지만 판결 취지는 그랬다. 그리고 이어진 대법원에서의 상고심에서 나는 3년형이 확정되었다.

형량이 1년 줄어들었지만, 나는 전혀 반갑지 않았다. 만약 이용호와 돈거래를 하면서 얻은 수익을 정확하게 신고하지 않은 부분을 검찰이 기소했다면, 나는 거기에 대해서 소명 자료를 제출하고 그래도 실정법을 위반한 것이 있다면 벌을 달게 받았을 것이다. 하지만 검찰의 기소는 이용호 게이트라는 시국 사건을 확대하는 데 초점이 맞추어져 있었고, 나로 하여금 그 사건에서 어떤 역할을 맡도록 요구하고 있었다. 그 점에 대해서는 어떤 잘못도 없었기에 나는 법정의 유죄 판결을 인정할 수 없었다. 그래서 나는 법정에서 "반성의 기미도 없고 오히려 목소리를 높이는 나에게 왜 징역을 1년씩이나 깎아주느냐"고 따졌다.

3년형을 확정 받고 교도소로 돌아가는 호송 차량 안에서 나는 터져 나오는 분노를 억제할 수 없었다. 10년 전 홍준표라는 인간과 잘못 엮이면서 이 모든 일이 시작되었다는 생각이 들었다. 나에게는 조폭 두목이라는 오명에 거물급 로비스트라는 오명까지 덧씌워졌다. 내가 법정에서 어떤 판결을 받았고 어떤 죄명으로 수감 생활을 했는지는 중요하지 않았다. 사람들은 나를 그렇게 기억할 것이고, 앞으로도 재계와 정관계가 유착된 비리 사건이 터질 때마다 내 이름이 언론과 세인들의 입에 오르내릴 터였다. 이제 막 사회에 진출하려는 큰아이를 비롯한 자식들에게 다시 한 번 큰 상처를 입히고 만 것이었다.

홍준표에 이어 이용호 게이트까지…… 나는 내 자신에게 묻고 또 물었다. 내가 과연 그처럼 큰 죄인인지를……. 왜 검사들은 하나같이 나를 그런 인간으로 만들어야 했는가. 나는 그것이 검사들의 공명심 그 이상도 그 이하도 아니라고 생각한다. 홍준표의 경우, 미운 털이 박혀 광주로 좌천된 뒤 검찰 조직과 언론의 스포트라이트를 받기 위해 나를 희생양으로 삼았고, 김찬규 검사는 자신들이 부풀린 사건의 구색을 맞추기 위해 나를 거물급 로비스트로 만들었다. 이미 홍준표에 의해 호남 최대의 폭력조직 두목이라는 낙인이 찍혀 있는 상황이었기에 김찬규 검사가 나를 거물급 로비스트로 만드는 것은 쉬운 일이었을 것이다. 결국 1992년에 홍준표가 만들어준 조폭 두목이라는 낙인이 이용호 게이트까지 연결된 셈이었다.

나는 대법원으로부터 3년형을 확정 받은 뒤 교도소에서 조용히 지냈다. 그리고 그로부터 3개월이 지나, 형기가 1년 정도 남았을 때 나는 면회를 온 지인들과 가족에게 재심 청구를 하겠다고 밝혔다. 재심 청구란, 이미 법정으로부터 판결을 받은 사안에 대해 다시 심판을 받는 것을 말한다. 그러니까 나는 재심을 통해 무죄를 주장할 생각이었다.

지인들과 가족은 나를 말렸다. 만기 출소를 1년 남겨둔 시점에 내가 다시 검찰과 사법부를 건드린다면 어떤 해코지를 당할지 모른다는 것이 이유였다. 나 역시 검찰과 사법부를 충분히 겪어왔기에 그 점에 대해서는 잘 알고 있었다. 남은 1년이 2년, 3년으로 늘어날 수도 있었다.

또 다른 지인들은 재심 청구를 하려거든 출소하고 난 뒤에 몸이 자유로운 상태에서 하라고 조언했다. 하지만 범죄자의 몸으로 교도소를 나설 수는 없다는 것이 내 생각이었다. 떳떳한 몸으로 내 스스로 저 교도소 문을 나서고 싶었다. 나는 절대 공명심에 찬 검사들이나 정치적 이해관계에 얽힌 검찰 조직이 원하는 대로 '거물급 로비스트'도 될 수 없었고, '범죄자'가 될 수도 없었다. 그래서 나를 위해 헌신적으로 싸워줄 변호사가 필요했다. 홍준표 때도 이용호 게이트 때도 수많은 변호사를 선임했지만, 진정 나를 위해 싸워준 변호사는 극히 일부에 불과했다. 나는 나의 진실을 믿어주고 그 진실을 세상에 알려줄 수 있는 진정한 우군이 필요했다.

백방으로 알아본 뒤에 한 사람이 눈에 들어왔다. 앞서 이 책에 인용한 〈월간 조선〉의 글을 발표했고, 그 이전부터 여러 매체에 법조계에서 일어난 사건들을 실화소설로 발표해온 엄상익 변호사였다. 엄상익 변호사의 글과 책을 읽으면서 나는 그가 법조계의 정치관계에 얽매이지 않은 진실한 법조인이라고 생각했다. 그래서 아내와 작은아들을 그에게 보냈다.

나는 또 다시 지난한 싸움을 준비하고 있었다.

6

끝나지 않은 싸움

다시 출발점에 서다

앞서 잠시 소개한 것처럼 엄상익 변호사는 법조인으로서는 매우 특이한 이력을 갖고 있었다. 사법연수원 15기 출신인 그는 잠시 공공기관에서 정책연구원으로 근무하기는 했지만, 판사나 검사를 거치지 않고 곧바로 변호사로 활동을 시작했다. 그런데 그는 법조인으로서는 드물게 문인으로 정식 등단한 작가이기도 했다. 시나 소설, 수필에 취미를 두고 있다가 '문인' 이름을 얻은 몇몇 법률가들과는 달랐다. 그는 여러 시사 잡지에 '법창실화'라는 이름의 글을 열정적으로 발표하고 있었고, 법정과 재판을 둘러싼 권력의 횡포와 폭력을 고발하는 내용의 글을 책으로 펴내기도 했다. 내가 생각하기에 그는 법이라는 제도와 규칙만으로는 파헤칠 수 없는 이면의 진실을 추구하는 조용한 투사 같았다. 이런 사람이라면 어떠한 이해관계에도 얽매이지 않고 나를 변론할 수 있을 것이라는 확신이 섰다.

2003년 여름, 감옥에 갇혀 있는 나를 위해 일을 해주는 변호사를 통해 엄상익 변호사에게 전화를 걸어 약속을 정하고, 아내와 작은아들이 그를 찾아가도록 했다. 엄상익 변호사는 나에 대해서 표면적인 사실만 알고 있을 뿐이었다. 조폭 두목, 거물급 로비스트……. 그때까지만 해도 그가 나에 대해 알고 있는 것은 언론을 통해 세인들이 알고 있는 것에서 크게 벗어나지 않았다.

엄상익 변호사가 가장 의아해 했던 점은 이제 형기를 거의 다 살고 출소를 앞둔 내가 왜 또 다시 변호사를 선임하려고 하는가 하는 부분이었다. 무언가 드러나지 않은 사연이 있을 거라고 짐작한 엄상익 변호사는 가족에게 나를 만나보겠다고 약속했고, 오래지 않아 교도소로 나를 찾아왔다.

그와 만난 자리에서 나는 내가 지나온 삶을 짧게 들려주고, 재심 청구를 하려는 의도를 밝혔다. 지금까지 가만히 있다가 왜 이제 와서야 다시 싸움을 시작하려는지 그 이유도 밝혔다.

"형이 확정되자마자 재심 청구를 했다면 교도소에 있기 싫으니까 잔꾀 부린다는 소리를 들었을 겁니다. 그래서 징역을 거의 다 살았습니다. 이제부터 재심을 청구하려 합니다. 이 사회가 받아주든 안 받아주든 저는 할 겁니다."

재심 청구를 한다는 것은 대법원의 확정 유죄 판결을 정면으로 부정하는 행위다. 상대는 국가 권력이었다. 힘든 싸움이 될 것은 불을 보듯 뻔했다. 나는 떨리는 마음으로 엄상익 변호사의 대답을 기다렸다.

엄상익 변호사는 자신도 나름대로 조사를 해보겠다고 했다. 내 말이 옳은지 그른지 따져볼 필요가 있다는 것이었다. 나는 엄상익 변호사의 그 말을 듣고 더욱 그에게 믿음이 갔다. 그동안 내가 만났던 대부분의 변호사들은 사안을 제대로 알아보지도 않고서 자신 있다고 큰소리치며 성공 보수부터 챙기려 들었다. 반면에 엄상익 변호사는 자신이 변론할 사람이 얼마나 진실한지, 그리고 내가 의뢰한 일이 과연 재심 청구를 할 만한 것인지 먼저 알아보고 난 뒤에 내 사건을 맡을지 말지 판단하겠다고 했다. 돈을 좇는 사람이 아니었다.

내 일을 맡아주던 변호사가 며칠 뒤 엄상익 변호사에게 그동안의 사건 기록을 모두 보냈다. 거기에는 홍준표 검사에 의해 내가 기소된 일과 당시에 나온 언론 기사들, 그리고 이용호 게이트 사건 때의 공판 기록 등이 모두 담겨 있었다. 이후 엄상익 변호사는 나를 둘러싼 인물들을 만나러 다니면서 조사를 시작했다. 그리고 교도소로 찾아와 의문이 나는 점에 대해서 묻고 돌아가고는 했다. 어떤 변호사들은 나를 변론하면서도 정작 의뢰인인 나를 만나러 교도소에 오는 것조차도 꺼려했다. 가슴에 쌓인 말이 많은 나를 만나게 되면 적지 않은 시간 동안 내 이야기를 들어주어야 한다는 것 때문이었다. 그러나 확실히 엄상익 변호사는 다른 사람이었다.

그로부터 3개월 정도 지난 뒤 그는 교도소로 찾아와 내 변론을 맡겠다고 말했다. 그동안 교도소에서 그 대답을 기다리는 동안 나는 속이 까맣게 타들어갔다. 하지만 엄상익 변호사가 나의 선임 제안을 수락한 그 사실만으로도 나는 이미 억울한 누명을 반쯤은 벗은 듯 몸과 마음이 가벼워졌다. 왜냐하면 엄상익 변호사 같은 사람이 3개월 동안이나 조사한 뒤에 내 변론을 맡겠다고 한 것은 거짓과 공작으로 얼룩진 법정의 장막 뒤에 가려진 진실을 발견했다는 뜻이기 때문이었다. 나의 진심을 알아주고 믿어주는 사람이 있다는 사실만으로도 나는 천군만마를 얻은 듯 힘이 났다.

내가 제기할 재심 청구가 법원에서 받아들여지기 위해서는 우선 선행되어야 할 과제가 있었다. 이용호가 검찰의 조사 과정에서 한 진술과 법정에서 한 증언이 거짓이라는 점을 밝혀내고, 그 부분에 대해서 검찰이 이용호를 위증죄로 기소해야 하는 것이다. 엄상익 변호사는 이용호의 위증 사실을 밝혀내기 위해 백방으로 조사를 하고 다녔고, 자신이 조사한 사항들을 꼼꼼히 기록했다. 그는 작가라는 또 하나의 천직에 따라 그 일들을 하나하나 글로 정리해나갔다.

엄상익 변호사에게 이용호의 위증을 밝히는 일은 단순히 이용호 한 사람의 거짓을 밝히는 문제가 아니었다. 그것은 부당하게 부풀려진 사건에 실적을 꿰어 맞추기 위해 이용호에게 끌려 다니면서 그에게 동조하고 엄연한 사실에 눈을 감은 검찰 조직의 거짓이었으며, 공판 기록만 보더라도 이용호가 거짓말을 하고 있다는 사실이 빤히 드러나는데도 시국의 분위기에 이끌려 엉터리 판결을 내린 사법부의 거짓이기도 했다.

엄상익 변호사는 1,000매 분량의 글을 완성한 뒤에 여러 잡지에 기고했다. 그의 글이 권위 있는 시사 잡지에 실린다면, 이용호와 검찰은 큰 타격을 입을 수밖에 없었다. 이 과정에서 엄상익 변호사가 자신을 위증죄로 고소하려 한다는 사실을 안 이용호는 엄상익 변호사에게 "모든 것을 물거품으로 만들어버리겠다"는 협박을 하기도 했다.

그러나 엄상익 변호사의 글을 검토한 시사 잡지사들에서는 하나같이 그의 글을 실을 수 없다는 연락을 보내왔다. 당대 최대의 이슈이자 시국 사건이라 할 수 있는 이용호 게이트의 수사 결과를 반박하는 내용인 만큼 잡지사들도 부담스럽지 않을 수 없었을 것이다.

재심 청구를 위해 내 사건에 관해 조사한 내용을 바탕으로 엄상익 변호사가 쓴 글은 그가 그동안 써온 '법창실화'의 연속선상에 있는 글이자 이용호의 위증을 심판해달라는 고소장이기도 했다. 그는 검찰에 고소장을 접수하면서 원고지 1,000매가 넘는 그 글을 첨부했다. 이제 담당 검사가 그 글을 읽느냐 읽지 않느냐 하는 것이 관건이었다.

검사가 그 글을 읽도록 하기 위해 또 다른 변호사를 선임해야 했다. 실제로 검사에게 고소장을 읽어달라고 호소하고 대법관에게 상고 이유서를 읽어달라고 애원하기 위해 그들에게 영향을 미칠 수 있는 변호사를 선임해야 하는 것이 법정을 둘러싼 현실이었다. 하물며 원고지 분량으로 1,000매가 넘는 고소장을 검사가 읽도록 하기 위해서는 꽤 힘이 있는 변호사가 필요했다.

엄상익 변호사의 고등학교 선배이자 얼마 전까지 서울지검장으로 있다가 이제 막 변호사 개업을 한 이가 적임자였다. 하지만 나를 '조폭 두목'으로 알고 있던 그는 끝내 고사하고 말았다. 나는 불안해서 견딜 수가 없었다. 읽어주기만 한다면 담당 검사도 모든 내막을 파악할 수 있을 텐데, 고소장의 분량이 너무 많다 보니 외면당할 가능성이 높았다. 아닌 게 아니라 나와 인연이 있는 법조인들은 하나같이 엄상익 변호사가 고소장을 너무 길게 썼다고, 그런 고소장은 검사도 판사도 거들떠보지 않을 거라고 말했다. 엄상익 변호사의 친구 변호사도 요약본 몇 장짜리로 정리하라고 충고한 모양이었다. 하지만 엄상익 변호사는 사안이 너무 복잡해서 단 몇 장짜리 요약본으로는 진실을 밝힐 수 없다고 하며 그대로 강행했다.

상황이 그리 좋지 않았다. 불안하고 초조했던 나는 사람을 시켜 내 사건이 배당된 담당 검사 사무실의 분위기를 알아보도록 했다. 엄상익 변호사가 검사실을 찾아가 담당 검사와 부장검사를 만나고 갔다고 했다. 하지만 엄상익 변호사의 노력에도 불구하고 검사나 부장검사의 반응이 차갑다고 했다. 검사실의 서기는 고소장을 이 따위로 쓰는 게 어디 있느냐며 대놓고 핀잔을 주었다고 했다. 검사가 고소장을 읽을 가능성이 희박했다. 이용호를 위증죄로 기소할 수 있는 존재는 검찰이 유일했다. 하지만 담당 검사가 고소장을 읽지도 않는데 어떻게 이용호를 기소할 수 있겠는가.

그 무렵 한 가지 반가운 일이 있었다. 그동안 엄상익 변호사의 글을 싣는 데 난색을 표해온 〈월간 조선〉이 그 글을 싣겠다고 뒤늦게 연락을 한 것이었다. 〈월간 조선〉 편집진은 그동안 기자들을 동원하여 사실 확인을 진행했다고 했다. 그리고 엄상익 변호사를 대상으로 얼마나 객관적인 시각을 유지했는지도 확인했다고 했다. 그처럼 까다로운 절차를 거치고 발표되는 글이었다. 그만큼 엄상익 변호사의 글에 담긴 진정성이 인정을 받았다는 말이었고, 그와 함께 나와 홍준표, 나와 이용호를 둘러싼 사건의 진실에 대해서도 많은 사람들이 인정하게 되었다는 말이었다.

〈월간 조선〉 2004년 2월호를 통해 발표된 그 글은(실제로 2월호가 발간된 시점은 1월 중순이었다) 큰 반향을 불러일으켰다. 면회를 온 가족들도 상당히 고무되어 있었고, 엄상익 변호사 역시 주변 사람들로부터 축하 인사를 많이 받았다고 했다. 엄상익 변호사의 글을 읽은 사람이 얼마나 될지 나로서는 가늠할 수 없었지만, 그동안 검찰과 언론에 의해 조폭 두목이자 거물급 로비스트로 지탄 받아온 나는 다소나마 어둡고 긴 터널을 빠져나온 느낌이었다. 그리고 그 글이 지면을 통해 발표됨에 따라 이용호를 위증죄로 기소하고 재심을 청구할 수 있는 교두보가 마련되었다고 생각했다. 하지만 결과는 정반대로 나타났다.

가장 먼저 응전을 한 것은 이용호였다. 그는 엄상익 변호사를 명예훼손죄로 고소하면서 20억 원의 손해배상청구를 했다. 엄상익 변호사는 경찰서로 불려가 조서를 꾸미는 형사 앞에서 긴 시간 동안 조사를 받아야 했다.

그 다음으로 나선 것은 검찰이었다. 오히려 나를 무고죄로 기소한 것이었다. 대법원에서 이미 확정된 사건을 가지고 다시 이용호를 위증으로 고소했다는 것이 이유였다. 자신들에게 도전한 나에게 본때를 보이겠다는 것이었다.

재심을 청구하기 위해 엄상익 변호사를 만난 자리에서 나는 이렇게 말한 적이 있었다.

"지금까지는 야심과 공명심에 들떠 무슨 짓이라도 하는 비열한 검사들만 만났습니다. 그래도 저는 수많은 검사 중에 양심적인 사람이 있을 거라고 믿습니다. 그동안 비겁하고 출세하려는 놈들을 만났으니까 이제 하늘이 도우면 양심이 있는 판검사를 한 명쯤은 저도 만날 수 있을 것 아닙니까?"

정말 그렇게 믿었다. 검사들 중에 단 한 명이라도 양심을 가진 사람이 있을 거라고 믿었다. 그리고 하늘이 돕는다면 그 양심적인 검사가 내 담당 검사가 될 것이라는 희망을 가지고 있었다. 하지만 하늘은 내 편이 아니었다. 어쩌면 내가 너무나도 낮은 확률에 기대를 걸었는지도 모른다.

사실 내가 재심 청구를 하기 위해 이용호를 위증죄로 고소한 것은 법원의 부당한 판결에 대한 반박이라기보다는 부정한 검찰을 향한 도전에 가까웠다. 법원이 이용호의 위증을 인정할 경우, 그동안 이용호의 진술에 따라 수많은 사람들을 법정에 세웠던 검찰의 수사와 기소 자체가 무효가 되는 것이다.

검찰은 이용호 게이트를 부풀릴 대로 부풀리면서 이용호가 진술을 바꿀까 봐 노심초사했다. 이용호가 말을 바꾼다면 검사들 역시 모가지가 날아갈 판이었다. 그래서 교도소에 있으면서도 이용호는 검찰의 비호 아래 숱한 혜택을 누렸고, 그 과정에서 접견을 온 변호사들의 노트북과 핸드폰을 이용하여 여전히 회사를 인수하고 주가를 조작하면서 부를 쌓고 있었다. 당시 교도소에 있었던 이용호는 법의 심판을 받고 수감 생활을 한 것이 아니라, 사건의 진상을 캐낼지도 모르는 사람들로부터 차단된 상태에서 검찰의 보호를 받고 있었던 것이다. 그리고 검찰의 입맛대로 진술을 하면서 검사들의 실적을 올려주고 있었다. 나는 당시의 검사들이 이용호가 거짓말을 하고 있다는 사실을 전혀 몰랐다고 생각하지 않는다. 하지만 그들은 너무 멀리 가버렸고, 다시 돌이키기에는 일이 너무 커져 있었다. 칼자루를 쥔 것은 이용호였다.

　당시 검사들은 철면피 사기꾼 이용호에게 놀아나면서 자존심이 상하지도 않았을까. 뻔뻔하기 짝이 없는 그의 낯짝을 보면서 피가 끓어오른 검사가 단 한 사람도 없었을까. 하지만 나의 그러한 생각 자체가 너무 큰 기대였다. 내가 경험한 바로는 보신을 위해서라면, 체면과 위신을 지키기 위해서라면 이용호처럼 구역질나는 인간을 얼마든지 참아줄 수 있는 것이 바로 검찰 조직이었다.

　난 울부짖는 심정으로 검찰에 수없이 토로했다. 이 세상 사람들이 조직폭력배 두목이라는 굴레가 씌워져 있는 내가 걸핏하면 이용호에게 얻어맞고 살았다고 한다면 이를 그 어느 누가 곧이듣겠는가? 마찬가지로 희대의 사기꾼 소리를 듣고 살아온 이용호가 나에게 수없이 사기를 당하고 살았다면 이 또한 어느 누가 쉽게 믿으려 하겠는가? 이같이 명명백백한 사실 앞에서 왜 진실을 외면하려 하는가? 정말 피를 토하는 심정으로 울부짖었지만 그들은 끝내 고개를 돌렸다.

　이용호의 위증이나, 나의 무고냐……. 내 손을 들어줄 검사와 판사는 없었다. 자기네의 체면과 위신, 기득권을 유지하기 위해서라면 나 같은 사람은 얼마든지 깔아뭉개도 상관이 없었다.

나는 무고죄로 다시 8개월의 형이 추가되었다. 가만히 있었더라면 오래지 않아 출소할 수 있었지만, 나는 다시 한 번 검찰 권력에 도전한 대가로 수감 기간이 연장되고 말았다.

지인들과 가족은 엄상익 변호사를 탓했다. 나 역시 수형 생활이 연장되고 보니, 엄상익 변호사가 너무 낭만적으로 일을 처리했던 것이 아닌가 하는 원망이 들었다. 그리고 판사와 검사를 거치지 않고 곧바로 변호사 생활을 시작한 그의 경험이 부족했던 것은 아닌가 하는 의심마저 들었다.

하지만 그러한 감정은 잠깐이었다. 엄상익 변호사는 내가 만났던 그 어떤 변호사보다도 헌신적으로 내 사건에 매달렸다. 엄상익 변호사 자신도 이용호로부터 20억 원의 손해배상청구를 당한 상황이었고, 의뢰인인 내가 도리어 무고죄로 형이 추가되면서 어려운 상황에 처해 있었다. 나와 엄상익 변호사는 도저히 이길 수 없는 싸움판에 스스로 뛰어든 것이었다. 검찰은 이용호를 감싸고 있었고, 법원은 우리의 호소에 귀를 막고 있었다. 어차피 이길 수 없는 게임이었다.

상황은 거기에서 끝나지 않았다. 서울지검 강력부의 송현성 검사가 10개의 죄목을 추가하여 나를 추가로 기소했다. 공갈, 협박, 사기, 폭력, 경매 방해 등이었다. 내가 호텔 경영권을 인수하기 위해 김종찬과 정영로를 공갈·협박하고 폭력을 휘둘렀으며, 경매를 방해했다는 것이었다.

김종찬과 정영로를 아직도 기억하실지……. 한때 이용호의 동료였지만 그에게서 등을 돌리고는 나를 찾아와 투자를 요청했던 인물들이다. 그들로 인해 이용호는 모 투자금융회사를 인수하는 일에서 물을 먹었고, 그 일 때문에 나와 이용호는 완전히 적으로 돌아섰다. 그런데 그 이후 김종찬과 정영로는 다시 이용호 편으로 붙었다. 나로서는 도저히 이해할 수 없는 인간관계였다.

정영로는 예전에 나에게서 빌려간 돈을 갚지 않고 있었다. 그는 이용호와 공모하여 ㈜레이디가구를 인수한 뒤 대표로 앉아 있었는데, 이용호의 주가 조작 건에 연루되어 입건된 뒤 교도소에서 수형 생활을 하고 있었다. 교도소에서 부딪힐 때면 나는 당연히 빌려간 돈을 갚으라고 윽박지르고는 했다. 그런데 송현성 검사는 그 일을 두고 공갈·협박, 폭력 등의 혐의로 기소한 것이었다. 그리고 내가 담보로 잡은 호텔이 세금을 내지 않아 국세청 경매로 넘어간 적이 있었는데 변호사를 선임하여 경매를 연기하도록 조치를 취한 적이 있었다. 그런데 그게 경매방해죄라는 것이었다.

이런 식으로 검찰은 10개 죄목의 추가 기소를 하면서 법정에서 10년 형을 구형했다. 무고죄로 8개월 형을 준 것만으로는 성에 차지 않았던 것이다. 어쩌면 검찰이 나를 영원히 교도소에 붙잡아두려고 하는 것인지도 몰랐다.

그런데 추가 기소된 사실에 대해 조사를 받기 위해 검사실에 있으면서 나는 이상한 광경을 목격했다. 죄수복을 입은 사람들이 검사와 검찰 서기들을 도와 무언가를 하고 있었다. 나중에야 그들이 나를 경매방해죄로 엮기 위해 임시로 검찰에 '고용'된 경매 브로커들이라는 사실을 알았다. 경매에 관한 사안이 복잡하여 검찰이 제대로 파악할 수 없자, 교도소에 있는 그들을 불러내어 자기들에게 협조하도록 한 것이었다.

문제는 거기에서 끝나지 않았다. 그들을 통해 경매의 세계에 맛을 들인 검찰 서기들이 그들이 찍어주는 아파트와 빌라 등의 경매 물건을 불법으로 챙기고 있었던 것이다. 공직에 있는 사람들이 그런 일을 자행하면서도 전혀 부끄러운 줄을 몰랐고, 그것이 잘못이라는 것도 모르는 것 같았다. 비록 수형 생활을 하고 있고 또 다시 검찰에 기소되어 피의자 신분으로 조사를 받는 입장이라고는 하지만 내가 버젓이 있는데도 그들은 대놓고 그런 짓거리들을 내 눈 앞에서 하고 있었다. 네까짓 게 우리가 하는 짓을 알아도 어디 가서 얘기나 할 수 있겠느냐고 생각하는 것 같았다.

그들은 나를 잘못 보았다. 그렇지 않아도 검찰이라는 말만 들어도 이가 갈렸다.

검찰이 추가 기소한 건에 대해 1심 재판이 진행 중일 때였다. 검사는 나의 운전수로 일했던 이를 증인으로 불러 내가 폭력조직과 깊이 연관되어 있음을 입증하려 했다. 하지만 이 증인 심문에서 검사는 제 뜻을 이루지 못했다. 오히려 사람을 검사실로 불러놓고 나와 그를 이간질하려 했던 정황만 들통 나고 말았다.

이어서 송현성 검사가 내게 물었다.

"피고인 여운환은 과거에 홍준표 검사 집에 칼을 보내 겁을 준 사실이 있었죠?"

예전에 친하게 지내던 의사 홍순표 씨에게 명절 선물로 독일제 주방용 칼 세트를 보낸다는 것을 아파트 경비원이 아파트 같은 동에 사는 홍준표 검사에게 잘못 전달했던 일을 두고 하는 말이었다. 이미 해프닝으로 끝난 일을 왜 새삼스럽게 다시 꺼내는지 의아했다. 하지만 그 이유는 명백했다. 당시 홍준표 검사는 그 일을 폭력조직 두목의 협박 사건으로 언론에 흘렸고, 이후 시간이 꽤 지난 뒤에도 그는 걸핏하면 그 일을 들먹이며 자신의 영웅담을 포장하려 했다. 사건 당시에는 홍준표 자신조차도 검찰의 증거 자료로 채택하지 않았던 일을 그는 검사를 그만두고 난 뒤에도 두고두고 우려먹고 있었던 것이다. 그러면 언론은 또 그 일이 사실인 양 기사로 써내고는 했다. 전후 사정을 전혀 몰랐던 송현성 검사는 지난 언론 기사에서 찾은 그 기사 몇 줄을 내가 조폭 두목임을 입증하는 자료로 활용하려 했던 것이다.

내가 대답했다.

"옆집의 홍 박사에게 갈 것이 잘못 배달된 것입니다."

"그랬어요? 그러면 며칠 전 검찰 서기에게 보낸 편지도 잘못 갔다고 말하진 않겠죠?"

내가 기다리던 순간이었다.

"그건 제대로 갔습니다. 왜요? 검사님도 저를 조사한 경매꾼을 통해서 고급 빌라 한 채를 경매 받지 않았습니까?"

검사가 "지금 장난하는 거야?"라고 소리쳤다. 내가 되받아쳤다.

"장난이라뇨, 검사님? 편지만 보낸 게 아니라 정식으로 대검 감찰부에 검사님과 서기들을 진정했습니다. 어떻게 검찰 공무원이 경매 전문 브로커에게 저를 조사하게 합니까? 그리고 검찰에서는 경매 브로커를 통해 아파트를 뇌물로 얻어먹어도 됩니까?"

사실 나는 그날 법정에 서기 전에 이미 내가 검사실에서 보고 들은 내용을 바탕으로 대검 감찰본부에 진정서를 보냈다. 그리고 대검 감찰본부에서는 그 일에 대해서 내사를 진행하고 있는 상황이었다. 송현성 검사는 나를 조폭 두목으로 몰려고 하다가 오히려 덫에 걸린 것이었다.

방청석에 있던 기자들이 술렁이기 시작했다. '특종'이라고 직감한 몇몇 기자들이 재빠르게 법정을 빠져나가고 있었다.

그날 저녁 9시 뉴스에는 검찰 직원들이 경매 브로커를 통해 아파트를 부정 매입한 사건이 특종으로 다루어졌다. 대검찰청 대변인은 이번 검찰 공무원들의 부정 경매 사건을 철저히 조사하겠다고 발표했다. 그리고 대검 감찰부는 계좌 추적을 통해 검찰 직원들이 경매 브로커로부터 뇌물을 받은 정황을 포착했다. 하지만 문제가 된 검찰청 직원들은 3개월 정직 정도의 가벼운 처벌을 받는 것으로 흐지부지 끝났다. 뒤에 들은 말에 의하면, 그들 모두 옷을 벗거나 타 청으로 전출되었다고 한다.

경매 브로커들과 검찰청 직원들 사이의 비리를 밝히는 '공'을 세웠고, 내 나름 검찰을 공격하는 통쾌함을 맛보기도 했지만, 나는 또 다시 검찰 조직 전체의 공적이 되고 말았다.

결국 나는 1심에서 3년형을 선고받았다. 무고죄로 이미 받은 8개월 형과 합쳐서 3년 8개월이 추가된 것이었다.

당시 나는 무고죄에 대해서는 엄상익 변호사를, 그리고 검찰이 추가 기소한 건에 대해서는 엄상익 변호사의 친구인 홍철민 변호사를 선임하여 대응했다. 홍철민 변호사는 내 사건을 맡기 얼마 전까지만 해도 서울지방법원의 부장판사를 맡고 있었다. 만약 그가 변호사로 개업하지 않았다면 내 사건의 담당 판사가 되었을지도 모르는 일이었다. 그런 그가 검찰의 무더기 기소에 대해 법정이 3년형을 선고하자, 대한민국 법원이 이래서는 안 된다며 대성통곡을 했다. 법정의 가장 높은 자리에 앉아 추상적으로 사건을 심판하던 그로서는 처음 맛보는 지독한 현실이었을 것이다.

항소를 했다. 항소심에서 고등법원은 검찰이 추가 기소한 10개의 항목 중 9개 항목에 대해서는 무죄를 선고하면서 경매방해죄에는 6개월 선고를 내렸다. 무고죄 8개월과 경매방해죄 6개월……. 최종적으로 나는 1년 2개월을 더 교도소에서 살아야 했다.

재심 청구를 결심했을 때 이런 결과를 예측했던 것은 아니었다. 일개 개인이, 특히나 조폭 두목이자 거물급 로비스트라는 낙인이 찍혀 있는 '범죄자'가 법원과 검찰을 상대로 싸움을 건다는 것이 얼마나 터무니없는 행동인지는 알고 있었지만, 검찰이 이렇게까지 나오리라고는 상상도 하지 못했다. 검찰은 내가 생각했던 것보다 훨씬 더 혐오스러운 조직이었다.

　검찰이 기소한 나의 무고죄에 대해 법원이 유죄 판결을 내린 것은 정황상 어쩔 수 없는 선택이었다. 왜냐하면 나의 무고죄에 대해 무죄 판결을 내린다는 것은 내가 이용호를 위증죄로 고소한 것이 옳다는 것이 되고, 그렇게 되면 이용호는 위증죄로 기소될 수밖에 없다. 만약 이용호가 위증죄로 기소되어 유죄 판결을 받는다면, 그것은 2001년부터 시작되어 국정감사가 이루어지고 특별검사제를 탄생하게 만들고 수많은 정권의 유력 인사들을 법정에 세우고 구속시킨 그 일련의 시끌벅적했던 일들이 사실은 이용호의 거짓 진술과 거기에 놀아난 검찰이 만들어낸 허구에 지나지 않는다는 점을 사실상 인정하는 것이었다. 반대로 이용호의 위증죄에 무죄 판결을 내린다면, 그것은 내가 이용호를 무고한 것이 되는 셈이다. 그러니 이런 복잡한 상황을 피하기 위해 법원은 나의 무고죄에 대해 유죄 판결을 내릴 수밖에 없었다. 때문에 증인으로 출석한 이용호가 스스로 법정에서 거짓말을 했다고 털어놓는데도 검찰이나 법정은 그 진술들에 대해서 아무런 심판도 할 수 없었던 것이다.

　결국 나는 패배했다. 나와 엄상익 변호사가 이용호를 위증죄로 고소할 때부터 그것은 피할 수 없는 각본이었다.

2005년 11월 13일이면 만기 출소였다. 1991년, 홍준표에 의해 폭력 조직 '두목의 고문급 간부'라는 누명을 쓰고 교도소에서 4년을 살고 나온 때가 1996년이었다. 그리고 다시 이용호와 얽혀 2001년에 구속되어 3년형을 받고, 무고죄와 경매방해죄로 1년 2개월을 더 살아야 했다. 총 8년이 넘는 시간을 교도소에서 보냈다.

하지만 그것이 끝이 아니었다. 만기 출소를 불과 열흘밖에 남겨두지 않은 시점에 검찰은 또 다시 나를 증권거래법 위반 혐의로 기소하여 나의 출소를 막았다. 2000년경, 모 회사의 주식을 거래하면서 고가 매수 주문과 가장 매매 거래 등을 통해 32억 원의 이익을 챙겼다는 것이었다. 어처구니없는 일이었다.

검찰은 내가 세상에 나가는 것을 두려워했다. 어떻게든 교도소에 붙잡아두려고 했다.

과거 송현성 검사가 공갈·협박, 폭력 등으로 나를 추가 기소하면서 피해자로 내세웠던 정영로는 사실 이용호의 하수인이었다. 게다가 피해자 정영로와 김종찬이 나에게 폭행을 당했다고 한 시점에 그들은 다른 교도소에 수감 중이었다. 그런 사실은 기록만 보면 단 1분 만에 확인할 수 있는 것이었다. 그런데 송현성 검사는 정영로와 김종찬 이들과 이용호의 관계, 그리고 폭력 사건이 일어났다고 하는 시점에 그들이 나와 같은 교도소에 있지 않았다는 사실을 몰랐을까. 나는 그렇게 생각하지 않는다. 검찰은 지속적으로 내 죄를 만들어내려고 했다. 이용호는 거기에 협조하겠다고 하면서 검찰의 입맛에 맞게끔 거짓 사건들을 검찰에 제보했을 것이다. 검찰은 이용호의 입에서 나온 진술들이 사실이 아님을 알면서도 그가 내뱉는 족족 '한 개만 걸려라'는 식으로 무더기 기소를 했다 (정영로는 6년형이 확정되어 수감 생활을 하던 중 검찰이 나에게 공갈·협박, 폭력 등의 혐의를 씌운 사건에 협조한 대가로 형 집행정지를 받고 풀려난 뒤 필리핀으로 도망쳤다. 언제 이용호와 검찰에 의해 토사구팽 당할지도 모른다는 두려움 때문이었을 것이다. 그리고 김종찬은 내가 위증죄로 고소하여 유죄 판결을 받았다).

만기 출소를 열흘 앞두고 검찰은 또 다시 나를 기소했다. 주가를 조작한 혐의라면 그것은 이용호와 관련된 것이었다. 검찰이 그때까지도 이용호에게 끌려 다니며 그로부터 '사건'을 받아먹고 있음을 스스로 시인한 것이었다. 물론 이 사건에 대해서도 나는 무죄 선고를 받았다.

이용호 게이트로 인해 4년 2개월을 복역하고 2005년 11월에 만기 출소했다. 당장은 가족의 품으로 돌아가게 된 것이 기뻤지만, 검찰이 다시 나를 잡아넣을 구실을 만들고 있다는 사실을 알고 있는 나로서는 이 같은 현실이 참으로 기가 막히고 숨이 막힐 지경이었다.

불안함은 오래지 않아 현실로 드러났다. 출소하고 2년여가 지난 2007년 말, 나는 모 건설사 대표 납치를 사주하고 이용호를 피습한 배후로 지목되어 다시 기소되었다. 내가 조직원을 동원하여 건설사 대표를 납치하고, 교도소에서 풀려난 이용호를 다치게 했다는 것이었다. 조직원이라니! 조폭 두목이라는 멍에가 만든 또 하나의 허구였다.

그런데도 1심 법정에서 5년형을 선고받았다. 하지만 항소심에서 이두 건에 대해서는 무죄를 선고받았다. 다만 2008년에 회사 대표이사를 맡아 회사를 운영하면서 당좌수표 부도가 나고 이를 곧바로 회수한 적이 있었는데, 법원은 당좌수표를 부도낸 혐의에 대해서 2,000만 원의 벌금형을 판결했다.

이용호는 2007년에 출소했는데, 그때 그는 완전한 빈털터리가 되어 있었다. 때문에 재기를 할 자금을 마련하기 위해 모 변호사와 기업인에게 사기를 쳐 20억 원을 횡령했다가 다시 사기죄로 3년형을 받았다. 그는 자신이 지은 죄 때문에 평생 법의 심판에 시달려야 할 것이다.

대검 중수부 3과의 '독사' 김찬규 검사는 이용호 게이트 때 사건을 축소했다는 의혹을 받고 옷을 벗었다. 하지만 그는 아무것도 '축소'하지 않았다. 그 자신이 부풀려놓은 사건에 실적을 맞출 수 없어 그런 의혹을 받았던 것이다. 자승자박의 예로 이보다 더 좋은 본보기는 없을 듯하다. 하지만 김찬규 검사는 이후 변호사로 활동하면서 모 대기업 회장을 변론했다가 그 회장의 눈에 들어 기업인으로 승승장구했다. 지금은 대한민국 사람이면 누구나 아는 대기업의 사장으로 재직 중이다.

이용호에 의해 명예훼손죄로 고소를 당하고 20억 원의 손해배상청구소송을 당했던 엄상익 변호사는 이후로도 여러 차례 법정에 불려나가는 힘든 상황을 겪어야 했다. 자유의 몸이 된 내가 이번에는 엄상익 변호사의 무죄를 입증하는 증인으로 출석했다.

결국 검찰은 이용호가 고소한 명예훼손죄에 대해서는 '혐의 없음' 처리를 했고, 20억 원의 손해배상청구 소송에 대해서 법원은 1,000만 원의 벌금형을 선고했다. 재판부가 보내온 판결문의 내용은 이랬다.

'엄상익의 글들은 이용호 게이트의 성격에 비추어 공익을 위한 진실한 것들로서 위법성이 없는 정당한 행위로 판단한다. 따라서 이용호에게 손해배상은 물론 그를 위한 사과문도 게재할 필요가 없다. 다만 피고 엄상익은 대법원 유죄 확정 판결이 선고된 사실을 알고도 그에 반대되는 사실을 써서 이용호를 위증죄로 고소했다. 그리고 그게 무고로 기소가 되자 더 나아가 여운환의 변호까지 맡았다. 이런 점들을 참작할 때 이용호에게 1,000만 원의 손해배상금을 정함이 상당하다.'

법원은 이용호에 대해서 쓴 엄상익 변호사의 글이 진실하다고 인정하면서도 대법원의 판결에 불복한 괘씸죄를 적용해 1,000만 원의 벌금형을 내린 것이었다. 하지만 이 사건은 결국 대법원에서 무죄 취지로 파기 환송되었고 엄상익 변호사는 무죄 판결을 받았다.

그 사이 홍준표는 우리나라 최대 야당인 한나라당의 대표가 되어 있었다. 2007년에는 대통령 예비후보에 나서 이명박 전 대통령과 당내 경선을 치르기도 했다. 그가 만들어준 낙인으로 인해 내가 10년 가까운 세월을 교도소에서 보낸 동안 그는 검사로서 대중적인 인기를 누렸을 뿐 아니라 정치인으로도 크게 성공해 있었다.

나는 홍준표가 대통령이 되겠다고 나선 것을 보면서 쓴웃음을 짓지 않을 수 없었다. 어떻게 저런 사람이 한 나라 정치의 한 축을 담당하는 거대 정당의 대표가 될 수 있는지, 또 어떻게 대통령 예비후보로 출마할 수 있는지 이해할 수 없었다.

그 같은 사람이 거물 정치인이 된다는 것은 우리나라 정치계의 현실을 반영하는 것이라고 생각할 수밖에 없었다. 하긴, 내가 경험했던 그 검사들 중 상당수가 나중에 재계와 정계로 진출해서는 대한민국의 정책 방향을 결정하는 역할들을 수행할 것이었다. 그리고 아무것도 모르는 서민들은 '많이 배우고 똑똑한' 그들이 그 자리를 차지하는 것을 당연하게 여길 것이었다. 그런 생각을 할 때마다 아찔한 현기증이 밀려오고는 했다.

홍준표에 의해 조폭으로 몰려 4년형을 살고 출소했을 때만 해도 나는 공명심과 자기과시욕이 큰 검사 한 사람의 덫에 걸려 재수 없는 일을 당했고, 내 인생의 큰 액땜을 한 것으로 받아들이겠다고 마음먹었다. 하지만 이용호 게이트에 억울하게 연루되어 4년 2개월 동안 수형 생활을 하고 교도소를 나설 때는 마음가짐과 생각이 달랐다.

나는 검찰이라는 조직에 드리워져 있는, 그리고 법정을 둘러싼 어두운 세계를 목격하고 말았다. 뉴스 보도와 신문 기사를 접해도 겉으로 드러난 사실을 온전히 받아들일 수 없었고, 세상 사람들이 진실이라고 믿는 것들의 이면에 숨겨진 진짜 정체에 의심부터 들었다. 세상의 질서를 유지하고 조화롭게 움직여 가는 어떤 힘이 사실은 그다지 선하지 않을지도 모른다는 생각이 들 때면 무릎에 힘이 빠지면서 몸이 휘청거렸다.

그럴수록 더욱 사업에 매달렸다. 떳떳하지 않은 돈거래를 하면서 큰 이익을 취하려 한 탓에 많은 일을 당했기 때문에 나는 음성적인 방법으로 돈을 벌겠다는 생각을 버렸다. 다각도로 사업 영역을 넓히고 여러 사업체를 운영하면서 때로는 힘에 부치기도 했지만, 나는 그럴수록 더욱 일에 매달렸다. 그것은 일종의 발악이었다. 부지불식간에 떠올라 나를 괴롭히는 과거의 기억과 싸우는 방법이기도 했다.

그렇게 사업에 매달리면서 늘 한 가지 마음에 걸리는 것이 있었다. 마음속의 응어리를 풀지 못한 채 마치 아무 일도 없었던 것처럼 살아가는 것이 과연 맞는가 하는 생각이었다. 그냥 이렇게 조폭 두목으로, 거물급 로비스트로 생을 마감해도 되는 것일까……. 지인들과 친지들, 가족 앞에서는 늘 의연한 척 행동했지만, 사실 굴욕적인 기억과 가슴속의 분노는 조금도 누그러지지 않고 있었다. 아내와 세 아들은 내가 이제 나쁜 기억을 모두 머릿속에서 지웠다고 믿고 있었지만 나는 결코 그럴 수가 없었다.

하지만 나는 방법을 몰랐다. 어떻게 이 마음속의 응어리를 풀어야 할지……. 친한 친구를 만나 밤새 술을 마시며 하소연이라도 하면 좀 나아질까. 하지만 내가 경험하고 본 것들은 하룻밤의 넋두리로는 마무리할 수 없는 너무나도 엄청나고 거대한 것이었다.

그러던 중 2012년 중반에 나는 최인주 형의 마지막 모습에 대해서 듣게 되었다. 〈Part 1〉에서 언급했던, 나의 비호 세력으로 몰렸다가 스스로 목숨을 끊은 광주지검의 사건 과장이었던 바로 그 사람이다. 내게 그 이야기를 들려준 사람은 우연히 인연이 닿은 남지숙이라는 분이었다. 그의 입을 통해 죽음을 향해 걸어가던 최인주 형의 쓸쓸했던 뒷모습을 듣게 된 것이었다.

그때 결심했다. 결코 내가 겪은 일들을 이대로 묻어둘 수 없다고. 재복이 있는 건지 나는 10년 가까운 시간을 검사들에게 시달리고 8년 넘는 세월을 교도소에서 보냈지만 여전히 사업 운이 따랐다. 그냥 이대로 살다가 간다 해도 크게 밑지는 삶이 아닐 수도 있었다. 하지만 마지막 눈을 감는 그 순간 불현듯 고통스러웠던 기억이 떠오른다면, 그것을 과연 행복한 삶이었다고 말할 수 있을까? 그리고 내가 죽은 뒤에도 여전히 내 이름이 조폭 두목이자 거물급 로비스트로 기억된다면, 그걸 두고 잘살았다고 말할 수 있을까?

나는 책을 내기로 결심하고 남지숙 사장에게 도움을 청했다. 여러 사람이 내 이야기를 글로 써줄 작가를 알아보았지만, 적임자는 쉽게 나타나지 않았다. 그러다가 2012년 말이 되어서야 한 사람이 나타났다. 그리고 해를 넘긴 2013년 3월 1일에야 작가와 첫 인터뷰를 할 수 있었다. 그 작가도 엄상익 변호사처럼 일을 시작하기 전에 여러 가지 조사를 먼저 해보겠다고 해서 그렇게 첫 만남이 늦추어진 것이었다.

처음 만난 날, 작가에게 인사를 건네면서 이렇게 물었다.

"여운환입니다. 혹시 제 이름 들어보셨습니까?"

작가가 대답했다.

"여기 오기 전에 제 나름 조사를 해보았습니다."

"어떻습니까? 작가님 생각하기에는 제가 깡패로 보입니까?"

작가는 알 듯 모를 듯한 웃음을 지었다. 아무런 단정도 짓지 않고 선입견도 없이 객관적인 시각에서 인터뷰를 시작하겠다는 의도로 보였다.

"자, 그럼 시작하십시다."

그 인터뷰는 다시 한 번 나라는 사람에 대해서 검증을 받는 출발점이었다.

Epilogue

100년 전 프랑스에서 일어난 드레퓌스 사건으로 이 책을 시작했다. 애석하게도 우리의 '드레퓌스 사건'에는 진실을 덮으려는 '프랑스 군부'만 등장하고 '드레퓌스'는 등장하지 않는다. 시작에서 밝힌 것처럼 나는 드레퓌스처럼 고귀한 인간이 못 된다. 나의 이야기가 한 선량하고 고귀한 인간이 부패한 권력에 맞서는 장엄한 드라마가 되었으면 좋겠지만, 나는 그렇게 살지 못했다.

가끔 이런 생각을 하고는 한다. 조폭 두목이자 거물급 로비스트라는 이미지를 완전히 제거하고 난 뒤의 나를 사람들은 어떻게 생각할까? 그러니까 내 인생에서 홍준표와 이용호 게이트의 희생양이 된 일도 없었고, 따라서 언론에 의해 나쁜 이미지가 만들어지지도 않았다면 나는 사람들에게 어떤 평가를 받았을까 궁금했다는 말이다.

객관적으로 생각했을 때, 그런 일이 없었다 해도 나는 결코 좋은 사람으로 평가받지는 못했을 것이다. 어릴 때 건달 생활을 했고, 회칼로 사람을 다치게 했다. 그리고 이후 사업을 하고 부를 쌓는 과정에서 나로 인해 피해를 본 사람도 있을 것이다. 세상의 부는 한정되어 있는데 그 중 일부가 한 사람에게 몰린다면 그것을 빼앗기는 사람이 분명 있을 테니 말이다. 이런 여러 가지 측면에서 나를 좋은 사람으로 기억하는 이보다는 나쁜 사람으로 기억하는 이가 더 많을지도 모른다. 때문에 만약 이 세상 사람들을 좋은 사람과 나쁜 사람, 두 부류로만 규정한다면 나는 나쁜 사람 편에 더 가까웠는지도 모른다.

하지만 나쁜 사람에게도 나쁜 것은 나쁜 것이다. 나쁜 사람이라고 해서 나쁜 것을 보고 좋은 것이라고 말하지는 않는다. 내가 나쁜 일을 하더라도 자식만큼은 올바르게 자라기를 바라는 것이 인간의 성정이다. 건달 생활을 할 때도 치사하고 비겁한 행동을 하는 사람을 두고 '저놈 괜찮네.'라고 생각한 적은 한 번도 없었다. 비록 건달로 지낼지라도 좋은 일을 하고 남을 위하는 사람을 보면서 존경심을 가졌고, 그런 사람들의 삶을 경외했다.

나는 홍준표에 의해 조폭 두목으로 기소되고, 받지도 않은 로비 자금을 횡령했다는 죄목으로 검찰의 조사를 받으면서 진짜 나쁜 인간들을 보았다. 그들 앞에서 나 정도 나쁜 사람은 명함도 내밀지 못할 정도였다. 나뿐 아니라 아직까지도 건달 세계에서 벗어나지 못한 소위 '조폭'

이라는 이들도 나쁜 놈 급으로 따지면 그들 앞에서는 피라미에 불과하다. 더욱 나쁜 것은, 그들은 나쁜 것을 보고도 좋다고 말하고 생각한다는 점이다.

우리가 책에서 배우고 선생님으로부터 배운 도덕과 윤리는 그들 세계에서는 완전히 다르게 적용되었다. 자신들의 기득권과 권력을 유지하고 강화하기 위해 행하는 모든 부정이 그들 세계에서는 도덕으로 통했고, 힘이 곧 윤리였다. 때문에 진실을 은폐하고 조작하는 행위가 그들에게는 '선'이 되고, 진실을 밝히려는 노력은 '악'이 되고 만다. 그런 집단적 최면 상태에서 그들은 얼마든지 나쁜 짓을 저지르면서도 그것을 옳은 일이라고 착각한다. 자신들이 하는 행위가 잘못인 줄 알면서도 일부러 옳은 일을 하는 것처럼 과장하는 것이 아니라, 그들은 정말로 자신의 부정을 옳은 것이라고 착각하면서 살아간다. 내가 목격한 공직 사회와 검찰 조직의 윤리는 그런 모습을 취하고 있었다.

나도 여러 사람의 검사와 친분을 나누었다. 또 그들을 통해서 사법계와 법조계의 여러 사람을 만났다. 멀리 가지 않더라도 내 친형의 친구들만 해도 법관과 법조인이 여럿 있었다. 내가 사석에서 겪은 그들은 하나같이 유순하고 온순한 사람들이었다. 심지어 문약하기까지 했다. 그런데 그들이 검찰 조직과 재판부의 일원으로 자기 자리를 찾아가면 돌변하고 만다. 이들 조직에 관한 한 부분의 합과 전체는 전혀 다른 모습을 띤다.

내가 대한민국의 모든 검사와 판사들을 싸잡아 '나쁜 놈'으로 매도하는 것은 절대 아니다. 분명 일선에는 정의의 편에 서서 거룩한 직분을 수행하는 검사, 법과 양심에 따라 잘잘못을 가리는 판사가 더 많을 것이다. 그들 덕분에 우리나라의 사법부가 그나마 막장으로 치닫지 않는 것이라 믿는다. 하지만 안타깝게도 그들은 '악역'을 맡은 이들에 비해 너무나도 힘이 없다. 권력이 가진 나쁜 속성에 편승한 나쁜 놈들이 득세하고 그런 사람들만이 대중의 가시권에 드러난다. 그리고 대중은 그런 인간들에게 힘을 실어준다. 그것이 고스란히 자신의 목을 겨눌 것이라는 사실을 아직 깨닫지 못한 대중이 부패한 공직 사회라는 '괴물'을 만들어 내고 있는 것이다.

＊

작가와 함께 이 책의 원고를 만드는 작업을 시작하면서 나는 내 자신에게 왜 내가 이 일을 하려 하는지 솔직하게 묻고는 했다. 만약 그것이 한을 풀기 위해서라거나 과거에 나를 해코지했던 이들에게 복수하려는 것은 아닌지 되새겨보고는 했던 것이다. 솔직히 처음에는 그런 마음도 없지 않았다.

하지만 인터뷰가 거듭되고 2013년 한 해 동안 작가와 많은 이야기를 나누고 과거의 나를 되돌아보면서 그런 마음은 희미해졌다. 반면에 공명심 강한 검사들과 신중하지 못한 언론, 시국 분위기와 조직 논리에 끌려 다니는 탓에 공정한 판결을 내리지 못하는 재판부, 그리고 권력에 눈이 먼 정치계가 합작하여 만들어낸 사건에 대한 기록을 남겨야 한다는 생각이 점점 강해졌다. 나의 이야기가 얼마나 많은 사람들의 공감을 끌어낼지 알 수 없지만, 이 책을 접한 사람들이나마 공작과 조작으로 얼룩진 이 사회의 한 부분을 올바른 시선으로 바라볼 수 있기를 희망한다.

처음 이 일을 시작할 무렵 작가가 말했다. 이런 종류의 고발성 책은 잘 안 팔린다고, 그러니 판매에 대해서는 큰 기대를 하지 말라고……. 책이 많이 안 팔릴 걸 알면서도 나의 작업에 동참해준 작가 역시 미련통이다. 하지만 작가가 미련통이여서 여기까지 올 수 있었다고 생각한다. 얄팍한 계산으로 이 일을 시작했다면, 그 결과물은 지금과는 다른 모습을 하고 있을 것이다.

작가 이야기가 나온 김에 한 가지 덧붙일 이야기가 있다. 재심 청구를 위해 내가 선임했던 엄상익 변호사는 내 사건을 파헤치면서 썼던 기록을 한 권의 책으로 펴냈다. 제목은 '검은 허수아비'다. 다분히 판사들을 겨냥한 제목이었다. 이 제목에는 검은 법복으로 권위를 가장한 채 법정의 가장 높은 곳에 앉아 있지만, 사실상 그들은 시국의 분위기와 조직의 논리에 끌려 다니는 허수아비일 뿐이라는 비판이 담겨 있다.

나는 엄상익 변호사의 『검은 허수아비』를 읽으면서 참으로 부끄러웠다. 재심 청구를 위해 이용호의 위증을 밝혀내고자 했던 엄상익 변호사는 힘겨운 싸움을 해야 했고 그 일로 인해 숱한 고통을 당했다. 그런데 책에는 나의 나약하고 비겁한 모습이 곳곳에서 드러난다. "함께 끝까지 싸우자"고 다짐해놓고는 슬그머니 발을 빼고는 했던 것이다. 짧지 않은 시간 동안 수형 생활을 하고 시시때때로 검사실로 끌려가 조사를 받았던 나는 그때 심신이 무척 약해져 있었다. 저간의 사정이야 모두 변명이 될 뿐이니, 보다 더 담대하게 같이 싸우지 못한 점에 대해 이 지면을 빌어 엄상익 변호사님께 진심으로 사과드리고 또 사과드린다.

※

2013년 5월 1일, 내가 운영하는 웨딩홀의 마당에서 자선바자회가 열렸다. 깡패가 돈 버니까 착한 일 한다는 소리 듣기 싫어서 그동안 좋은 일도 제대로 못하고 살았다. 책 작업을 진행하는 동안 작가와 인터뷰를 하면서 속에 있던 것들을 털어놓은 덕분에 내 나름 마음의 치유가 된 것인지, 오랫동안 마음에만 품고 있던 일을 드디어 시작할 수 있었다.

국민가수 남진 형을 비롯한 중견 가수들과 알리, 스피드 등의 젊은 가수들이 함께 어우러져 멋진 무대를 연출해주었고, 수많은 연예인과 스포츠 스타들이 소장품을 보내와 자선 경매 수익금도 꽤 모였다. 특히 무대에 오른 가수들은 재능 기부를 한 것뿐만 아니라, 자선 경매에 참여하여 적지 않은 기부금을 '뜯기는' 따뜻한 성의를 보여주었다. 날이 쌀쌀했던 탓에 관객은 그리 많지 않았지만, 그동안 하지 못하고 나설 수 없었던 일을 비로소 시작하게 되었다는 사실만으로도 흡족했다.

내가 운영하는 웨딩홀의 사무실 건물 2층에서 바라보면 결혼식을 축하하기 위해 온 하객들을 볼 수 있다. 웨딩홀 마당을 아기자기하게 꾸며놓아 마치 작은 마을 같다. 그 속에서 여러 세대의 사람들이 어울리는 모습을 보노라면 마음에 평화가 깃든다. 이 세상의 극히 작은 일부분이 나의 웨딩홀 마당에서 생동감 있게 꿈틀거리고 있는 것이다. 주말마다 그 모습을 지켜보면서 나는 이 아름다움이 영원하기를 기원하고 또 기원하고 있다.

하지만 이 세상의 다른 부분에서는 아직도 협작과 공작과 권력을 향한 다툼과 거기에 따른 희생과 고통이 생겨나고 있을 것이라는 생각을 하면 마음이 무거워진다. 나는 보지 말아야 할 것을 보았고, 겪지 말아야 할 것을 겪었다. 이 세상이 내가 생각하는 것만큼 순진하지 않다는 사실을 알아버린 것이다.

비단 나만 그런 것은 아닐 것이다. 이럴 때 우리는 어떻게 해야 할까. 그냥 세상은 원래 그런 것이니, 입 다물고 잘살기만 하면 되는가? 어쩌면 '악한 권력'은 우리의 무관심과 비겁함 때문에 탄생하는지도 모른다. 나쁜 세계는 그렇게 조금씩 영역을 넓혀갈 것이다.

나는 나쁜 세계의 실체를 경험했다. 나의 이 책이 나쁜 세계와 악한 권력이 커지는 것을 저지하는 아주 조그만 역할이라도 할 수 있기를 바란다.

그리고 이제 다시 싸움을 시작하려 한다.